D1730603

Joël Luc Cachelin

OFFLINER
Die Gegenkultur
der Digitalisierung

JOËL LUC CACHELIN

OFFLINER

Die Gegenkultur
der Digitalisierung

STÄMPFLI VERLAG

DIE OFFLINER
Wer sind die Gegner der Digitalisierung?

Die wirtschaftliche Fraktion

Die politische Fraktion

Die soziale Fraktion

Die technologische Fraktion

DIE INITIATIVEN
Wie kämpfen die Offliner für eine alternative Zukunft?

DIE SZENARIEN
Wie werden Onliner und Offliner zusammen leben?

Prolog
Auf dem Weg in die Matrix

«Wahrscheinlich ist es für Menschen, die in einem bestimmten
sozialen System gelebt und es zu etwas gebracht haben,
unmöglich, sich in die Perspektiven solcher zu versetzen, die
von diesem System nie etwas zu erwarten hatten und
einigermassen unerschrocken auf seine Zerstörung hinarbeiten.»
(Michel Houellebecq, Unterwerfung)

Wie kein anderer Megatrend wird die Digitalisierung unsere
Zukunft prägen. Das Internet formt eine zweite Dimension des
Seins, wobei die analoge und die digitale Welt in den nächsten
Jahren noch viel stärker miteinander verwachsen werden. Bei der
Zivilisierung des digitalen Raums entstehen Spiegelbilder: von
der Homepage für das Restaurant über die Linked-in-Seite für die
berufliche Biografie bis zum ausdifferenzierten Sexprofil. In der
nächsten Etappe der Digitalisierung werden auch unsere Möbel,
Brillen, Zahnbürsten, Autos und Kleidungsstücke Teil des Internets. Dadurch dringt es noch tiefer in unseren Alltag ein. Folge
der Digitalisierung ist sowohl eine Intensivierung der technischen,
ökonomischen und sozialen Vernetzung als auch eine Zunahme

der Daten. Je nach Blickwinkel sind diese digitalen Schatten Ausgangspunkt einer intelligenteren Nutzung unserer Ressourcen oder der Errichtung einer globalen Überwachungsgesellschaft.

Motor der Digitalisierung ist zum einen die Sehnsucht nach einem einfachen und intensiven Leben. Wir lernen Menschen mit ähnlichen Interessen kennen, brauchen nichts mehr auswendig zu lernen, wissen in Sekunden, wann der nächste Zug fährt, greifen jederzeit auf ein riesiges Film-, Musik- und Literaturangebot zu. Zum anderen wird die Digitalisierung durch politische und ökonomische Akteure bewusst vorangetrieben. Sie wollen nicht weniger, als die Herrschaft über den digitalen Raum erlangen. Treibend wirken jene, die Soft- und Hardware, digitale Inhalte und Infrastruktur herstellen, sowie jene, welche die entstandenen Datensätze kontrollieren. Big Data ermöglicht Verhaltensprognosen, die Individualisierung von Kommunikation, Angeboten und Preisen sowie die Erschliessung neuer Geschäftsfelder mit den gewonnenen Einsichten. Facebook kann immer mehr Gesichter einer Identität zuordnen. Partnerbörsen wissen, welche Singles am beliebtesten sind. Deshalb werden die Daten auch als das Öl der Zukunft bezeichnet.

Die Digitalisierungstreiber spannen ein globales System auf, das sich über mehr und mehr Aspekte unseres Alltags erstreckt. In Anlehnung an den Film der Wachowski-Geschwister wird es im Folgenden Matrix genannt. Die Matrix gibt das Design der technischen Umwelt ebenso vor wie dasjenige der Wirtschaft, der Bildung und der sozialen Sicherungssysteme. Dabei nimmt die Wirtschaft eine Schlüsselrolle ein, werden doch in einer säkularisierten, individualisierten und ökonomisierten Gesellschaft fast alle Entscheidungen mithilfe des Marktprinzips getroffen. Eigentlich ist die Konstruktion der Matrix eine politische Aufgabe, die uns alle betrifft. Doch angesichts der Macht einiger Akteure entpuppt sich das demokratische Design der Matrix als Utopie. Mehr noch: Sie integriert technische, ökonomische, politische und militärische Einflussnahme, wodurch die Digitalisierungstreiber immer dominanter werden. Zwar tragen wir alle etwas zur Verdichtung der Matrix bei, doch es ist eine kleine Elite, die im grossen Stil von der Zivilisierung des digitalen Raums profitiert.

Je mehr die Digitalisierung fortschreitet, je umfassender und feingliedriger die Matrix wird, je mehr digitale Schatten wir hinterlassen, je mächtiger die Digitalisierungstreiber werden, je verpflichtender der Aufenthalt im digitalen Raum wird, je stärker auf sozialer und ökologischer Ebene die negativen Folgen der Digitalisierung spürbar sind, desto mehr Widerstand regt sich. Er umfasst alle Argumente, Bestrebungen und Ereignisse, die Zweifel an einer selbstverständlichen und weitergehenden Digitalisierung zum Ausdruck bringen. In der Logik des Gegentrends werden die Digitalisierung und ihre Nebenwirkungen zum Anlass für Individuen, Gemeinschaften, Institutionen und Staaten, um sich dem Einfluss der Digitalisierungstreiber zu entziehen und sich für alternative Lebensweisen jenseits einer hyperdigitalen Zukunft einzusetzen. Im Schatten der digitalen Leitkultur formiert sich eine Gegenkultur. Wie einst die unterdrückten Kolonien kämpft sie um Aufmerksamkeit und strebt nach einer Machtkorrektur.

Diese Gegenkultur wird hier Offliner genannt. Deren Träger setzen sich für multipolare Machtverhältnisse, reziproke Transparenz, Entscheidungsfreiheit, eine Vielfalt der Lebensstile und soziale Integration ein. Die Bewegung richtet sich weniger gegen die Digitalisierung an und für sich als vielmehr gegen deren technische, soziale, ökonomische und ökologische Nebenwirkungen. Für die Offliner ist nicht die digitale Zukunft störend, sondern die Art und Weise, wie uns die Herrscher des digitalen Raums in eine hyperdigitale Zukunft führen. Sie wehren sich gegen eine fremdbestimmte Digitalisierung, in der ihre Anliegen und Bedürfnisse keine Bedeutung haben. Die Offliner wollen also nicht auf das Internet verzichten, im Gegenteil sind sie häufig sogar online sehr aktiv. Aber die Offliner rebellieren gegen die selbstverständliche, alternativlose Digitalisierung, den autoritären Designprozess der Matrix und die Herrschaft der Digitalisierungstreiber. Ziel der Offliner ist nicht die digitale Abstinenz, Ziel ist die Beteiligung am Design der Matrix.

Während die einen entschleunigen wollen, steht für andere die Nachhaltigkeit, der kulturelle Verfall, die Kritik an Globalisierung und Kapitalismus oder die Verhinderung der Verschmelzung von Mensch und Maschine im Vordergrund. Für die einen ist offline ein politisches Statement, für andere eine Gelegenheit, um neue Märkte zu erschliessen. Diese Heterogenität ist typisch für eine Gegenkultur, schwächt aber zugleich den Widerstand. Je mächtiger die Digitalisierungstreiber sind, desto entscheidender wird die Frage, ob die Fraktionen einst zu einer geschlossenen Bewegung zusammenwachsen und welche Formen der Widerstand annehmen wird. Denkbar sind die Organisation als politische Partei, als Terrornetzwerk oder als Aussteigerbewegung. Finden die Offliner keinen Konsens, droht entweder ein globales Chaos, in dem Onliner gegen Offliner, aber auch Offliner selbst gegeneinander kämpfen – oder eine digitale Monokultur mit einer Matrix, der niemand entkommen kann.

Das Verhältnis von on- und offline ist zwar eine Frage der persönlichen Lebensgestaltung. Doch auf gesellschaftlicher Ebene entscheidet das Design der Digitalisierung, wie wir in Zukunft leben werden. Es definiert die zentralen politischen Fragestellungen der nächsten Jahrzehnte und mit ihnen die neuen politischen Lager. Wer die bevorstehenden geopolitischen Entwicklungen, aber auch die Märkte der Zukunft verstehen will, tut gut daran, sich intensiv mit den Offlinern zu beschäftigen.

Wer sind die Gegner der Digitalisierung?

DIE WIRTSCHAFTLICHE
FRAKTION

Die Verlierer

Jedes Mal wenn eine neue Technologie die Wirtschaft tiefgreifend verändert, formiert sich Widerstand gegen den Strukturwandel. Man befürchtet, dass die Maschinen Arbeitsplätze vernichten und die Menschen überflüssig werden. Die Digitalisierung stösst zudem jenen sauer auf, deren Status, Einkommen, Macht oder Besitz gefährdet sind. Im Widerstand unterstützen Gewerkschaften und Parlamentarier die Verlierer mit Streiks und Subventionen.

Zu Beginn des 20. Jahrhunderts wehrten sich die Maschinenstürmer gegen die zunehmende Industrialisierung. Ihr Hass richtete sich weniger gegen die Maschinen an sich als gegen deren Folgen. Sie verdrängten die Menschen aus den Fabriken und ermöglichten es deren Besitzern, ungelernte, billigere Arbeiter einzustellen. So erlebten die Mitarbeiter gleichzeitig einen Verlust ihrer Arbeitsplatzsicherheit und eine Verschlechterung ihres sozialen Status. Die Bewegung war besonders in England aktiv, doch es gab auch in der Schweiz Maschinenstürmer. Am 22. November 1932 zerstörten Kleinfabrikanten und Heimarbeiter aus dem Zürcher Oberland die mechanische Spinnerei und Weberei Corrodi & Pfister in Oberruster.

Nun provoziert das Internet eine nächste industrielle Revolution. Es schaltet Zwischenhändler aus und delegiert Aufgaben wie im E-Banking an die Kunden. Schon bald könnten Maschinen auch die Arbeit von Chauffeuren, Kontrolleuren und Buchhalterinnen überflüssig machen. Weil Algorithmen Informationen besser durchsuchen, filtern und aufbereiten können, gerät das mittlere Management unter Druck. Die Digitalisierung bedroht auch zahlreiche Jobs in der Produktion, im Vertrieb und Verkauf. Musik, Filme, Texte und Software werden kaum noch physisch hergestellt. Zudem haben wir uns daran gewöhnt, diese kulturellen Erzeugnisse gratis zu beziehen. Traditionelle Statussymbole aus der ersten industriellen Revolution verlieren ihren Wert. Wichtiger als das Auto sind digitale Gadgets oder die Möglichkeit, gleichzeitig in mehreren Städten zu leben.

Je mehr Arbeitsplätze das Internet zerstört, desto wahrscheinlicher wird ein Comeback der Maschinenstürmer. Im digitalen Zeitalter haben sie es statt auf die Webstühle auf die Server und Algorithmen abgesehen. Um ihren Einfluss geltend zu machen, müssen die Verlierer das Internet nicht völlig zerstören. Es reicht, wenn sie das ökonomische Rad durch Streiks oder Gesetze verlangsamen. Dadurch erhalten die Betroffenen mehr Zeit, um sich den neuen Bedingungen anzupassen. Aus dieser Perspektive sind die staatliche Unterstützung der Finanz- und Automobilbranche Zuschüsse an die Verlierer des digitalen Strukturwandels.

Die Nonliner

Es gibt drei unterschiedliche Nonliner, die keinen Zugang zum Netz haben: die Bildungsfernen, die Alten und die global Isolierten. Aufgrund des exponentiellen Verlaufs der Digitalisierung nehmen die Unterschiede zwischen Onlinern und Nonlinern in Bezug auf Lebensstil und Wohlstand ständig zu. Die aus der digitalen Gesellschaft Verdrängten finden sich in Parallelgesellschaften wieder, die passiv resignieren oder aktiv rebellieren.

Die Teilnahme an der digitalen Gesellschaft setzt neben Infrastruktur die entsprechenden Netzwerke und Kulturtechniken voraus. Dazu gehören das Spiegeln seines analogen Lebens ins Digitale, der bewusste Umgang mit Daten, das produktive Verwerten der Informationsmenge und das Benutzen von Suchmaschinen. Ohne diese Fähigkeiten droht man, den Anschluss an die Onliner zu verlieren und ökonomisch abzusteigen. Ob jemand zu den Nonlinern gehört, hängt in erster Linie von der Bildung ab. Eingewanderte haben im Zugang zur Bildung häufig Nachteile. Ein zweites ausschliessendes Merkmal ist das Alter. Die älteren Menschen verzeichnen zwar die höchsten Zulaufraten bei Facebook und Co. Doch wird es verhältnismässig noch lange viele Nutzer in dieser Altersgruppe geben, die digital nicht erreichbar sind, keine digitalen Zeitungen lesen und ihre Steuern nicht elektronisch ausfüllen.

Die ungleiche Ausprägung der Kulturtechniken begünstigt eine globale Zweiklassengesellschaft, die sich auch innerhalb von hyperdigitalen Gesellschaften findet. Das unterdigitalisierte Individuum wird weder zu Partys eingeladen noch von Headhuntern gefunden. Man grenzt es aus der digitalen Gesellschaft aus und treibt es in Parallelwelten. In diesen hoffen die Vertriebenen Anerkennung und Orientierung zu finden. Genauso wichtig wie die gesellschaftsinterne Spaltung in On- und Nonliner ist die globale Kluft. Während die einen ihr Leben mehr und mehr in den digitalen Raum verlagern, kämpfen andere um sauberes Trinkwasser. Je weiter die Digitalisierung fortschreitet, desto ausgeprägter werden die Unterschiede zwischen Hoch- und Niedrigdigitalisierten. Daraus resultieren krasse Unterschiede in Bezug auf Digitalisierungsreife und -geschwindigkeit.

Digital unterentwickelte Staaten und Konzerne verschwinden von der Landkarte der ersten digitalen Welt. Wenn der Abstand zur digitalen Elite zu gross wird, bleiben irgendwann nur noch Flucht oder Resignation übrig. Sensibilisierte Nonliner flüchten an Orte mit guter digitaler Infrastruktur. Ganze Staaten aber können nicht fliehen. Entweder starten sie eine zentral gesteuerte digitale Offensive, oder sie verstehen den digitalen Rückstand als Chance für eine alternative Lebensweise jenseits des Digitalen. Diese Orte werden zu Refugien derjenigen, die aus der digitalen Gesellschaft verdrängt werden. Denkbar sind sowohl eine friedliche Coexistenz wie eine gegenseitige Bekämpfung.

Die Kapitalismuskritiker

Die Digitalisierung stärkt das kapitalistische System, weil das Internet Bedürfnisse, Mediengewohnheiten und Arbeitsleistungen transparent macht. Je transparenter Angebot und Nachfrage, desto vollkommener der Markt. Mit den gewonnenen Daten verführen uns die Kapitalisten zum Konsum und passen die Preise unserem Portemonnaie an. Arbeit wird nur noch nach wirtschaftlichen Kriterien verteilt. Um den Kapitalismus zu schwächen, setzen dessen Kritiker auf Aufklärung, Sabotage, vor allem aber auf ein neues Wirtschaftssystem.

Die Kapitalismuskritiker stören sich an der Ökonomisierung der Zeit und unserer Beziehungen. Es gibt praktisch keine Zeiteinheiten mehr, die nicht von Konsum geprägt sind. Ob im Fitness- oder Tattoostudio, beim Rendezvous im Café oder bei der Sitzung mit der Psychotherapeutin: Überall bezahlen wir für den Kontakt mit anderen Menschen. Auch der Raum unterliegt ökonomischen Gesetzen. Die digitale Überwachung drängt den öffentlichen Raum noch mehr zurück. Die Kapitalisierung von Raum und Zeit schliesst überall Menschen aus. Für die einen Orte hat man zu viel Geld, für die anderen zu wenig. Restaurants, die Sitzverteilung im Flugzeug oder die Bevölkerung der Wohnquartiere spiegeln soziale Strukturen. Unsere Daten machen die Abgrenzungen präziser und undurchlässiger.

Der Kapitalismus reduziert den Menschen zu einem Gut, das gekauft und verkauft wird. Durch das Internet werden die Märkte global, die dominierenden Konzerne zu weltweit agierenden Superkräften. Sie streben nach Wachstum, stärken das Marktprinzip und untergraben politische Prozesse. Um die Konzerne zu schwächen, fördern die Kapitalismuskritiker ein neues Wirtschaftssystem. Teilen soll an die Stelle des Konsumierens treten, Zugang wichtiger werden als Besitz. Nicht jeder braucht einen Rasenmäher oder ein Auto. Der Verzicht auf Konsum und Eigentum schont Ressourcen und aktiviert die Gemeinschaft. Man entdeckt Alternativen zum Konsum, um Glück, Spass, Freiheit oder Gemeinschaft zu erfahren. Die Herstellung eines Produkts stiftet einen Wert, den man durch Konsum niemals erfahren wird. Der selber gestrickte Pullover erfreut nachhaltiger als der im Ausverkauf ergatterte aus China.

Um die Bevölkerung für ein alternatives Wirtschaftssystem zu begeistern, verlangen die Kapitalismuskritiker ökonomische Aufklärung. Jeder Kaufakt ist ein politisches Statement, er belohnt die Verkäuferin und straft ihre Konkurrentinnen. Ergänzend zur Aufklärung in Bildung und Medien setzen die Kapitalismuskritiker auf Intervention und Sabotage. Sie stören die Ruhe im Kaufhaus oder verändern die Botschaften auf Werbeplakaten. Wir sollen realisieren, wie selbstverständlich wir den Kapitalismus als gegeben annehmen und wie gefährlich seine Nebenwirkungen sind. Deshalb rufen sie zu Demonstrationen auf oder rebellieren mit Molotowcocktails gegen die Besetzung des öffentlichen Raums durch mächtige Technologiekonzerne.

Die Globalisierungskritiker

Die Globalisierungskritiker lehnen die sozialen und ökologischen Folgekosten der Digitalisierung ebenso ab wie den Machtmissbrauch der Digitalisierungstreiber. Für die einen steht die Reduktion der kulturellen Vielfalt im Vordergrund, andere klagen die Ausbeutung armer Länder an. Weil globale Standards regionale Gewohnheiten zerstören, wünschen sich die Kritiker eine Rückbesinnung auf das lokale Leben. Das Internet stärkt die Globalisierung, weil es alle Menschen auf demselben Metakontinent zusammenführt. Dabei gleicht die Globalisierung einem Prozess der Machtkonzentration, der die Zentren stärkt und jene schwächt, die diesen durch Abhängigkeiten ausgeliefert sind. Die Zentren bestimmen die wirtschaftlichen, technischen, politischen und militärischen Spielregeln des ganzen Planeten. Ihre Standards entscheiden, wer dazugehört. Das schafft Updatezwänge, bei denen wir auf die neuesten Geräte und Applikationen umsteigen müssen, um Teil der digitalen Gesellschaft zu bleiben. Es drängt sich die Frage auf, wie unabhängig Staaten, Geheimdienste und Konzerne sind und ob das aktive Vorantreiben der Digitalisierung eine langfristige geopolitische Strategie sein kann.

Das Internet schafft globale Märkte, auf denen nur die Stärksten überleben. Die Grösse sichert die Minimierung der Stückkosten und damit die Sicherung der Marktmacht. Fusionen sind selbstverständlich auch aufgrund der Integration der Datensätze zunehmend interessant. Kunden werden identifizierbar, deren Verhalten vorhersehbar, und aufgrund dieses Wissens entstehen neue Geschäftsmodelle. Megakonzerne dominieren die Märkte und schaffen eine dazugehörige Klasse der Superreichen. Die Demokratie wird zur Oligarchie, zu einer Herrschaft der Reichen. Kritiker werfen den Siegern der Globalisierung vor, ihr Wohlstand beruhe auf der Armut der Verlierer. Im Sinne des Neokolonialismus sicherten sie sich das Wissen und die Ressourcen der Schwächeren – im Notfall intervenierten sie sogar militärisch.

Neben der wirtschaftlichen und politischen Machtkonzentration stören sich die Globalisierungskritiker an den ökologischen Folgekosten sowie an der Reduktion der kulturellen Vielfalt. Mit ihren Marken schaffen die Digitalisierungstreiber die Einheitskultur der Hipster in Tokyo, San Francisco und London. Die Gegner der Globalisierung fordern eine Rückbesinnung auf das Regionale und die lokale Gemeinschaft. Sie stehen für eine Wirtschaft ein, die sich gegen die Gewinnmaximierung stellt und die Macht des Finanzkapitals einschränkt. Um ihren Einfluss geltend zu machen, gründen sie Institutionen und Aktionen wie Attac oder Occupy. Diese versuchen, die globalen Spielregeln neu auszuhandeln und Machtkonzentration zu beschränken. Labels wie Max Havelaar oder Fair Trade helfen, die Produkte zu vermarkten, die diesen Spielregeln gerecht werden.

DIE POLITISCHE
FRAKTION

Die Nationalisten

Das Internet gefährdet aus Sicht der Nationalisten die heimische Wirtschaft und den inneren Zusammenhalt der Gesellschaft. In einer vernetzten Welt werden die Einflüsse unkontrollierbar, man ist der Macht grösserer Systeme ausgesetzt. Fremde Kulturen bedrohen das Traditionelle und Einheimische. Um sich vor diesen Gefahren zu schützen, bleibt nur ein Weg: die Abschottung. Der Staat ist zu schützen, weil er Orientierung, Sicherheit und Identität stiftet.

Im Strukturwandel nehmen die Nationalisten nur die Zerstörung wahr. Sie beobachten, wie Arbeitsplätze mit Ausländerinnen besetzt werden, die Produktion in billigere Länder verlagert wird, die Infrastruktur durch Migration an Grenzen stösst, fremde Religionen an Einfluss gewinnen. In der Ablehnung des Globalen entsteht eine unheilige Allianz von rechten und linken politischen Kräften. Die Linken stören sich an der Zerstörung der kulturellen Vielfalt, der Macht multinationaler Konzerne oder den ökologischen Folgen der Mobilität. Den Rechten geht es um die Abwehr von fremden Einflüssen, die Kultivierung der heimischen Religion oder den Schutz vor Terrorismus. Sie fürchten, durch Immigration an Wohlstand einzubüssen und ihre kulturelle Einheit zu verlieren.

Um sich vor externen Einflüssen zu bewahren, setzen die Nationalisten auf die Regulierung der Migration und des Arbeitsmarkts. Sie hoffen dadurch auch den Dichtestress zu reduzieren – das Gefühl der Enge in der S-Bahn, das Kauderwelsch an der Kasse im Supermarkt. Selbst liberale Kräfte scheuen sich nicht, mittels Zöllen, Subventionen oder Währungsinterventionen in die Märkte einzugreifen – Hauptsache, der heimischen Wirtschaft geht es gut. Protektionismus kann zudem durch die Beharrung auf nationalen Technologiestandards, durch die Unterbrechung von Datenflüssen, durch Eigentumsrechte oder übertriebene Sicherheitsvorkehrungen geltend gemacht werden. Im Notfall kann man Flugverbindungen kappen und sein Gebiet militärisch abriegeln.

Beim digitalen Protektionismus versucht man sich vom globalen Internet loszulösen, um ausländische Produkte und eine Vermischung der Kulturen auszuschliessen. Durch den Aufbau eines nationalen Internets mit eigenen Suchmaschinen und sozialen Netzwerken befreit man sich aus globalen Abhängigkeiten. Lauschangriffe werden genauso vermieden wie der Export von Know-how. Die digitale Abschottung schützt die heimischen Wirtschaftszweige vor ausländischer Konkurrenz. Der Schutz kann so weit gehen, dass man Wirtschaftszweige neu aufbaut, um nicht vom Ausland abhängig zu sein. Das kurbelt die Binnenwirtschaft an und sichert Arbeitsplätze. Ob die Bevölkerung die damit verbundenen Innovations- und Wohlstandseinbussen oder die abrupte Abschottung von globaler Technologie und Unterhaltung toleriert, ist indes fraglich.

Die Datenschützer

Je mehr wir im Internet surfen, desto umfassender werden unsere digitalen Schatten. Das Internet der Dinge, intelligente Brillen, Uhren und Armbänder lassen die Datensätze weiter wachsen. Datenschützer wollen uns davor bewahren, zu gläsernen Kunden, Bürgern, Patienten und Schülern zu werden. Der Datenschutz bewahrt uns vor digitaler Enteignung, wenn Konzerne ohne Einverständnis unsere Daten nutzen.

Legitimiert wird die umfassende Überwachung unserer Klicks mit der Suche nach Terroristen oder Kinderpornografie. Bei jedem Anschlag, jeder Entführung wird der Ruf nach einer flächendeckenden Überwachung lauter. In Wahrheit geht es genauso um die Festigung des ökonomischen Systems. Die Beobachter dokumentieren unsere Bedürfnisse, um uns mit personalisierter Werbung und passenden Angeboten zu versorgen. Längst beruhen die Sortimente und Preise in digitalen Hotelportalen, Fluggesellschaften und Buchhandlungen auf unseren Klicks. Krankenkassen nutzen unsere Daten, um Prämien festzulegen, Vermieter, um ihre Mieter auszuwählen, und Banken, um unsere Kreditwürdigkeit zu prüfen. Die digitalen Schatten werden zu digitalen Tätowierungen, die wir überallhin mitnehmen. Je mehr wir Feriendestinationen, Wohnungen oder eine sexuelle Bekanntschaft online suchen, desto stärker sind wir den Algorithmen ausgesetzt. Indem sie unseren Konsum steuern, prägen sie auch unser soziales Umfeld. Im Unterschied zum konkreten Nutzen sind die Gefahren der Überwachung unsichtbar. Man freut sich über das kostenlose WLAN am Flughafen und ignoriert, wie viele Daten man preisgibt. Die Cumulus-Punkte sind wichtiger als die hinterlassenen Daten. Man wähnt sich in der Sicherheit – man hat ja nichts Verbotenes getan. Aber man ignoriert, wie ein einziger Klick falsche Zusammenhänge bilden kann oder gewisse Bevölkerungsgruppen unter Generalverdacht gestellt werden oder wie man von den Digitalisierungstreibern beobachtet und enteignet wird. Während wir Nutzer die Daten liefern, beziehen die Beobachter die Rendite. Wir bezahlen eine moderne Form des Zehnten. Zwar dürfen wir den digitalen Boden nutzen, für die Nutzung müssen wir aber eine Gebühr abtreten.

Die Datenschützer befürchten ein Ende der Privatsphäre. Wenn wir uns überwacht fühlen, schränkt dies unser Verhalten ein. Man vermeidet politische Äusserungen, distanziert sich von Homosexuellen, setzt dem hobbymässigen Drehen von Pornofilmen ein Ende. Im digitalen Panoptikum ist selten klar, wer warum welche Daten erhebt und was mit ihnen geschieht. Die Datenschützer empfehlen uns, digitale Spuren zu vermeiden und uns für eine Zukunft stark zu machen, in der wir selbst entscheiden, wie digital wir sind. Mit aufklärenden Kampagnen und politischen Vorstössen machen sie ihre Interessen bekannt. Nützt der Dialog nichts, hilft man mit Gewalt nach. In den USA gibt es bereits eine Bürgerwehr, die überwachende Drohnen abschiesst.

Die Situationisten

Die Situationisten stören sich an der Diktatur von Raum und Zeit genauso wie an der Normierung unseres Denkens. Für sie ist das Internet die perfekte Maschine, um die Meinungsvielfalt zu reduzieren und das kritische Denken zu unterbinden. Zensur und Propaganda vereinheitlichen unsere Werte, Ideale und Visionen. Die Gleichschaltung unterdrückt den Zufall. Deshalb wollen die Situationisten nicht nur den analogen und digitalen öffentlichen Raum zurückerobern, sondern verlangen auch ein Recht auf Zufall. Die Bewegung der Situationisten hat eine lange Tradition. Bereits in den Sechzigern forderte die Situationistische Internationale die Abschaffung von Lohnarbeit, Technokratie und Hierarchien, noch früher bekämpften Dadaisten bürgerliche Ideale. Triebkraft war jeweils die Freiheit. Jetzt wollen uns die Situationisten aus den Gefängnissen des digitalen Alltags befreien. Das Internet versorgt uns mit passgenauen Informationen und Unterhaltungsangeboten, die wiederum unsere Denkhaltungen und Vorurteile bestätigen. Statt selbst zu entscheiden, folgen wir den Ratschlägen der Algorithmen. Diese Unfreiheit wird forciert, weil wir Regeln einhalten, um unseren Wohlstand nicht aufs Spiel zu setzen. Man achtet auf sein Image, vertuscht seine Schwächen, pflegt einen gesunden Lebensstil.

Aus den gewonnenen Daten berechnen die Digitalisierungstreiber unsere Zukunft. Sie bestimmen, welche Schuhe wir kaufen, das Restaurant, in dem wir essen, die Freunde, die wir kennenlernen, die Wohnungen, in denen wir leben, die Partnerin, mit der wir uns fortpflanzen. Wenn Algorithmen unsere Zukunft bestimmen, werden wir zu sich selbst erfüllenden Prophezeiungen. Unsere Gene und unsere Vergangenheit halten uns gefangen. Je älter wir werden, desto weniger Entscheidungsfreiheit lassen uns die Algorithmen. Wir haben unsere Zukunft bereits in der Vergangenheit mit unseren Klicks entschieden. In einer berechneten Zukunft hat der Zufall keinen Platz. Andere lenken uns, wenn wir glauben, neue News, Menschen und Feriendestinationen zu entdecken.

Die Rückeroberung der Freiheit beginnt mit der Erkenntnis, dass wir Gefangene sind. Durch Interventionen sollen wir uns bewusst werden, wie unflexibel, berechenbar und langweilig wir geworden sind. Im weiteren Sinne können auch die Fasnacht, die Streetparade oder der wochenendliche Rausch als Situationen betrachtet werden, in denen wir aus dem Alltag und seinen Routinen ausbrechen. Um die Verhinderung des Zufalls sichtbar zu machen, fordern die Situationisten die Deklaration und Aufschlüsselung der Algorithmen, die unser Leben bestimmen. Sie ermutigen uns, temporär unsere digitalen Fesseln abzulegen. Statt über eine App zu flirten, sollen wir die schöne Frau an der Kasse ansprechen. Nicht eine intelligente Brille soll uns durch New York navigieren, sondern unsere Neugierde.

Die Selbstverwalter

In den zentralen Machtzentren des Internets fliessen die Währungen einer digitalen Gesellschaft zusammen: Geld, Information und soziale Kontakte. Um die Macht der Zentren zu relativieren, versuchen deren Gegner, die dezentralisierenden Kräfte des Internets und das Prinzip der Selbstorganisation zu stärken. Das setzt lebhafte digitale Allmenden voraus sowie eine Infrastruktur, mit der man die Währungen des Internets selbst verwalten kann.

Das Internet stärkt das Prinzip der Zentralisierung, indem alle Nutzer auf dieselben Plattformen gelenkt werden. Es etablieren sich Standards – bei der Software, den Suchmaschinen, den sozialen Netzwerken, letztlich bei unserem Verhalten. Weil im digitalen Darwinismus nur die Stärkeren überleben, streben die Digitalisierungstreiber nach Monopolstellungen. Kleine Anbieter verschwinden, weil sie zu teuer produzieren, zu wenig Aufmerksamkeit erhalten oder von den Grossen geschluckt werden. Nach der Übernahme ihrer Konkurrenten kaufen die Digitalisierungstreiber auch ihre Zulieferer auf. So können sie noch mehr Bedürfnisse und Daten kontrollieren. Es häufen sich branchenübergreifende Kooperationen wie zwischen Novartis und Google, die gemeinsam an intelligenten Kontaktlinsen forschen. Aus solchen

Kooperationen resultieren zwar radikale Innovationen, aber auch neue Machtpotenziale.

Unsere Bequemlichkeit stärkt die Macht der Zentren zusätzlich. Wir wollen nicht für jede Suchanfrage eine neue Maschine wählen, nicht mit mehreren Apps SMS verschicken. Wir sind zu faul, unsere Mails zu verschlüsseln oder das datenfressende App zu löschen. Die Selbstverwalter überwinden ihren inneren Schweinehund, um sich gegen die Macht der digitalen Zentren aufzulehnen. Sie nutzen alternative Suchmaschinen wie DuckDuckGo und bleiben den sozialen Netzwerken fern, um kleinräumige Netzwerke mit spezifischen Qualitäten zu fördern. Endgeräte jenseits von Apple, Lenovo und Samsung stärken die Unabhängigkeit und schmälern die Umsätze der grossen Player. Um auch den kleinen Händlern ein Überleben zu ermöglichen, kaufen die Selbstverwalter im Quartierladen ein. Indem sie mit Bargeld bezahlen, bleiben sie als Konsumenten unsichtbar.

Die Selbstverwalter nutzen das Internet für ein dezentrales und selbstbestimmtes Leben. Auch in der Energieversorgung wollen sie die Dezentralisierung vorantreiben. Jeder von uns soll zum Energieproduzenten werden, mittels Solarpannel oder stromproduzierenden Schuhen. Der Wunsch nach Dezentralisierung geht mit der Forderung nach neuen Institutionen einher. Die Selbstverwalter fördern die Crowd-Bewegung, bei der die Macht von Experten reduziert, zentrale Strukturen aufgebrochen und Ressourcen gleichmässig unter den Nutzern verteilt werden. Sie finanzieren die Forschung an seltenen Krankheiten, verleihen sich gegenseitig Geld, fördern Künstlerprojekte oder investieren in aufwendige Reportagen. Sie kombinieren Do-it-Yourself mit Nachhaltigkeit und der Präferenz für Dezentralisierung, indem sie Gemüse im eigenen Garten anbauen, im Quartier ein Hühnerkollektiv halten oder Produkte des alltäglichen Gebrauchs mit einem 3D-Drucker herstellen.

DIE SOZIALE
FRAKTION

Die Romantiker

Für die Romantiker war früher alles besser. Digitale Musikstücke und Fotografien haben für sie weniger Wert als die analogen Vorgänger. Als die Welt noch nicht digital war, hatte man Zeit füreinander und musste sich nicht ständig alle Möglichkeiten offen halten. Die Digitalisierung ersetzt das Reale durch die Simulation. Immer mehr Erlebnisse sind medial unterstützt oder nur noch über die Medien vermittelt. Die Romantiker wünschen sich deshalb eine Rückbesinnung auf die Qualität der realen Momente. Die Romantiker zweifeln am Sinn des technischen Fortschritts. Wie ihre Vorfahren zur Zeit der Aufklärung beklagen sie die Entzauberung durch wissenschaftliche, rationale Argumente. Das Internet stilisieren sie zum Symbol des gesellschaftlichen Zerfalls. Etablierte Strukturen brechen auf, traditionelle Werte verlieren an Gültigkeit, Wahrheiten lösen sich auf. Identitäts- und Orientierungslosigkeit grassiert. Die Romantiker ziehen eine klare Grenze zwischen analoger und digitaler Welt. Sie sind schockiert, wenn im Konzert das Smartphone gezückt wird oder im Zug alle ihre Laptops aufklappen. Für die Romantiker ist es unvorstellbar, dass das Leben in der digitalen Welt genauso erfüllend, bereichernd, beziehungsfördernd wie das analoge Leben sein kann. Wer nur im Digitalen lebt, ist ein kranker, trauriger Mensch. Die Resignation wird zur Angst, wenn die Anpassung an eine neue Zeit unausweichlich wird. Aus Sicht der Romantiker vernebelt das Internet die Sinne. Mit unseren Gedanken sind wir stets an mehreren Orten gleichzeitig. Statt dem Gegenüber in die Augen zu schauen, studieren wir die Fussballtabelle. Wir tratschen auf Whatsapp, blättern durch die lustigen Katzenfotos auf Facebook. Wertvolle Momente speichern wir mit Instagram statt in unserem Herzen. Diese Gleichzeitigkeit schwächt die Qualität des gemeinsam erlebten Moments. Wir leben statt in der Gegenwart in der Zukunft und der Vergangenheit. Die Romantiker appellieren an die Bedeutung menschlicher Beziehungen genauso wie an unsere Sinne. Sie erlauben uns, die Schönheit der Natur und die Gemeinschaft mit anderen Menschen zu erleben. Um zur Qualität des Moments zurückzukehren, müssen wir uns zumindest zeitweise von unseren Smartphones, Tablets und Kopfhörern lösen.

Auch für die Internetromantiker war früher vieles besser. Sie trauern um die Zeiten, als das Internet weniger fragmentiert, nicht überwacht und ökonomisiert war. Damals war das Netz noch vom Wunsch nach Veränderung und Demokratisierung geprägt. Nun aber hat es statt zu Dezentralisierung zu Zentralisierung geführt, statt zu Reflexion zu Verblödung, statt zu Freiheit zu Gefangenschaft. Die digitalen Nostalgiker fordern einen Reboot des Internets und mehr Respekt für die digitale Allmende. Das Internet ist ein öffentlicher Ort, der falsch genutzt zu seiner Zerstörung führt. Genauso schafft er die Möglichkeit, um gemeinsam an einer besseren Zukunft zu arbeiten.

Die Einsamen

Das Internet hat in der Vernetzung der Menschen versagt, finden die Einsamen. Zu viel Individualisierung und zu viel Präsenz im digitalen Raum können das Gefühl hervorrufen, alleine auf der Welt zu sein. Trotz hoher Vernetzung leiden die Überdigitalisierten an einem Manko menschlicher Nähe. Mit den Unterdigitalisierten teilen sie den Wunsch, von anderen wahrgenommen zu werden. Die Digitalisierung macht sämtliche Optionen der Multioptionsgesellschaft sichtbar. Daraus konstruieren sich die Nutzer ihre individuellen Wissens- und Wertenetze. Dieser Vorgang gleicht einer Verpuppung. Zwar passt sich der Kokon unserer einzigartigen Persönlichkeit an, er schottet uns aber auch vom Rest der Welt ab. Wir erhalten nur noch jene Informationen und Unterhaltungsangebote, die zu unserer Klick-Geschichte passen. In der wiederholten Selbstbestätigung verlieren wir das Gefühl und das Interesse für das Andere. Diese Isolation ist eine logische Folge der Individualisierung. Man fühlt sich einsam, wenn man glaubt, seine ganz persönlichen Interessen, Träume und Gefühle mit niemandem teilen zu können.

Aus der Multiplikation der Weltbilder resultiert eine Fragmentierung der Gemeinschaft. Beziehungen werden nur noch situativ eingegangen. Man will selbst bestimmen, wann eine Beziehung anfängt und aufhört. Liebe und Sexualität bleiben vom Wunsch nach Intensität nicht verschont. Eine Vorreiterrolle nehmen die Homosexuellen ein, die alltäglich mittels ausdifferenzierten Apps nach neuen Kontakten suchen. Die Selbstbestimmung geht zwar mit einer höheren Intensität, aber auch einer Relativierung der langfristigen Perspektive und einem Verlust der Verbindlichkeit einher. Beziehungen werden flüchtig, weil die Freiheit wichtiger als der Kompromiss ist. Im Zweifelsfalle entscheidet sich der Individualisierte gegen eine Beziehung, um seine Freiheit zu erhalten.

Unter einem Defizit an Beziehungen und menschlicher Nähe leiden nicht nur die Überdigitalisierten, sondern auch die Unterdigitalisierten, die sich von der Gesellschaft ausgeschlossen fühlen. Kritisch beobachten sie, wie sich die Passagiere im Tram mit Kopfhörern isolieren und ihre Bildschirme streicheln. Was sich die Einsamen sehnlichst wünschen, ist Sichtbarkeit. Über- und Unterprivilegierte vermissen reale Beziehungen und die Anerkennung, die von diesen ausgeht. Um ihre Einsamkeit zu überwinden, setzen sie auf Sportvereine, Jassabende oder Theatergruppen. Offline-Gemeinschaften haben eine höhere Verbindlichkeit als digitale Beziehungen, die man per Klick beenden kann. Regelmässige Begegnungen helfen den Einsamen, sichtbar zu werden, Gemeinsamkeiten zu entdecken und Beziehungen aufzubauen.

Die Gottesfürchtigen

Das Internet installiert eine neue Metaphysik mit Aussicht auf ein ewiges Leben im Netz. Die Menschen verlieren das Vertrauen in Gott und nehmen ihr Schicksal selbst in die Hand. Für das Leben nach dem Tod laden wir unsere Gedanken und Gefühle ins digitale All. Statt im Paradies leben wir in der Cloud weiter. Aus Sicht der Gottesfürchtigen rebellieren die Digitalen damit gegen die kosmische Ordnung. Diese muss wieder hergestellt werden.

Im digitalen Zeitalter verdrängt das vernetzte Individuum Gott als Zentrum der Welt und als Schöpfer seiner Umwelt. Durch die Digitalisierung des Genoms, die künstliche Befruchtung und die verschiedenen Formen des Enhancements greift der Mensch gar in seine Schöpfung ein. Ein fremdbestimmtes Schicksal kennt er nicht. In dieser säkularen Welt sind wir selbst für unseren Erfolg, unser Glück und unsere Zukunft verantwortlich. Das Internet errichtet das Paradies auf Erden, die Optionen sind mitten unter uns. Ob wir das Glück finden, entscheiden die Märkte, egal ob Partner- oder Arbeitsmarkt. Dazu passend haben die Algorithmen die Vorsehung übernommen. Statt Gott vertrauen wir den Herrschern über die Algorithmen.

Die klassische Theologie definiert sieben Todsünden: Hochmut, Geiz, Wollust, Zorn, Völlerei, Neid, Faulheit. Die Gottesfürchtigen taxieren das Internet als Werk des Teufels, das uns zur Sünde verführt. Weil sich alle inszenieren, trifft man überall im digitalen Raum auf noch glücklichere, schönere, erfolgreichere Menschen. Die Laster führen zu einer Abkehr von Gott. Der Mensch verliert seine geistige Orientierung. Es gibt niemanden mehr, der die Sünden verzeiht, kein Schicksal, das man für sein Scheitern verantwortlich machen könnte. Das Ich macht sich zu seinem eigenen Gott und verfällt der Selbstverherrlichung. .

Gottesfürchtige prangern diese Gotteskonkurrenz an. Sie wollen die alte Ordnung wieder herstellen, bei der Gott das Zentrum und der Mensch sein Diener ist. Die Rückkehr zum Schöpfer schenkt Gnade, die Religion stärkt die Gemeinschaft. Indem sie das heilige Wort verkünden, versuchen uns die Gläubigen zurück auf das traditionelle Gottesbild zu programmieren. Sie glauben, dass Anschläge auf die digitale Infrastruktur die Ungläubigen von der Sünde abhalten und sie zurück auf den richtigen Weg bringen. Der Religionskrieg der Zukunft spielt sich zwischen gottlosen Digitalen und traditionellen Monotheisten ab. Unterdigitalisierte Gottesfürchtige ohne Wohlstand stehen dekadenten Überdigitalisierten ohne Gottesfurcht gegenüber.

Die Kulturpessimisten

Für die Kulturpessimisten verhindert das Internet gehaltvolle Kultur und Bildung. Die Vervielfältigung der Information provoziert eine Beliebigkeit des Wissens. Es gibt nur noch Halbwissen, und alles ist eine Frage der Perspektive. Um dieser Entwicklung gegenzusteuern, setzen die Kulturkritiker auf nicht digitale Medien, einen fixen Wissenskanon, Disziplin und konservative Werte. Dadurch soll in eine unordentliche Welt Ordnung zurückkehren. Im digitalen Zeitalter können sich alle Menschen mit Internetzugang an der globalen Wissensproduktion beteiligen. Verschwörungstheorien propagierende Blogs schiessen wie Pilze aus dem digitalen Boden, Unternehmensberater pachten mit ihren Studien die Wahrheit, belanglose Abschlussarbeiten werden digital verewigt. Die Crowd hat den Experten die Qualitätsprüfung abgeluchst. Nun fürchten die Kulturpessimisten die Herrschaft naiver Amateure. Der Gang ins Abseits wird durch die Abschaffung des Faktenlernens und die Individualisierung der Lernprozesse forciert. Die Relativierung der Ordnung bringt aus Sicht der Kulturpessimisten einen Mangel an gesellschaftlichem Zusammenhalt mit sich. Nicht einmal lesen, schreiben und rechnen können die jungen Leute noch. Die Lernenden würden dazu erzogen, rücksichtslos ihren eigenen Weg zu gehen. Deshalb trage das Internet auch die Schuld, dass sich niemand mehr freiwillig engagiert, ein Buch liest oder sich um die Umwelt sorgt.

In der Wissensproduktion hat die Wissenschaft ihr Monopol verloren. Die Wissensproduktion wurde privatisiert, Konzerne haben die Universitäten punkto Innovation und Akquisition der dafür nötigen Forschungsgelder längst hinter sich gelassen. Es gibt keine neutrale Forschung mehr, alles Wissen folgt einem bestimmten Zweck. Die Wissensproduzenten sind nicht mehr unabhängig, weil sie identisch mit denen sind, die das generierte Wissen ökonomisch verwerten. Das Wissen wird nicht nur ökonomisch verzerrt, es nimmt auch jene Form an, die sich für die Verbreitung im Internet am besten eignet. Eine Botschaft darf keinen Widerstand mehr leisten, keine Widersprüche mehr beinhalten, die Aufnahme nicht unnötig Zeit in Anspruch nehmen. Weil das neue Wissen Eindeutigkeit suggeriert und das kritische Denken unterbindet, werden wir anfällig für Manipulation und Verführung.

Die Kulturpessimisten nutzen die Politik, um zu einer traditionellen Bildung mit klaren Rollenbildern, wenig Fremdsprachen und fixem Bildungskanon zurückzukehren. Dabei greift man auf digitale Instrumente zurück, um falsche Lehrpersonen zu entlarven und öffentlich zu diskreditieren. Alteingesessene Lehrpersonen erkennen die Notwendigkeit des Wandels – aber nicht alle sind bereit, sich auf diesen Wandel einzulassen. Sie fordern eine Rückbesinnung auf einen fixen Wissenskanon, traditionelle Lehrmethoden, Disziplin und konservative Werte. Denn die Hüter der gesellschaftlichen Zukunft wissen besser als die Lernenden, welches Wissen wichtig ist. Die technologiefreundlichen Kulturpessimisten erkennen, dass es keinen Weg zurück gibt. Sie fordern deshalb das Stärken der Persönlichkeit und das kritische Denken.

DIE TECHNOLOGISCHE FRAKTION

Die Paranoiden

Mit der Verlagerung des Lebens in den digitalen Raum entstehen für Kriminelle neue Aktivitätsfelder. Gefahren und Täter sind häufig unsichtbar. Die unklare Bedrohungslage mündet in eine diffuse Angst vor Überwachung, Manipulation, Diebstahl, aber auch vor einem Zusammenbruch des Systems. Um die digitalen Gefahren zu reduzieren, fordern die Paranoiden Schutzmechanismen und eine Aufrechterhaltung der Offline-Infrastruktur.

Die Gefahr von digitalen Verbrechen steigt, je mehr Daten, Fotos und Gedanken wir im Netz hinterlassen. Unsere digitalen Schatten sind für Diebe und Spione eine interessante Beute. Genauso verlockend wie unsere Stammdaten, Informations- und Kaufgeschichten sind unsere Aktivitäten auf Pornoportalen, Datingplattformen und Online-Banken. Die Einsicht in unsere Geheimnisse macht uns erpressbar. Wer möchte schon preisgeben, dass er sich von einer Domina auspeitschen lässt, einen Seitensprung sucht oder eine schwere Krankheit hat? Je exponierter und prominenter man ist, desto grösser wird die Gefahr. Weiter als der Datendiebstahl geht der Identitätsklau. Fremde Identitäten sind besonders praktisch, wenn man sich Drogen, Waffen, Daten oder Unternehmensgeheimnisse besorgen will.

In eine andere Richtung zielen die Bedenken jener, die der Architektur des Internets misstrauen. Sie fürchten sich vor einem Zusammenbruch, bei dem die elektronische Versorgung nicht mehr garantiert ist und das Chaos ausbricht. Die Virtualisierung des Geldes, des Wissens, der Freundschaften macht uns als Gesellschaft verwundbar. Eine kleine Panne kann die ganze digitale Welt lahmlegen. Die Digitalisierung des Wissens macht dessen Archivierung unsicher. In kürzester Zeit könnte das gesamte Wissen verloren gehen. Die digitale Speicherung des Wissens erleichtert zudem die Manipulation der Vergangenheit. Per Knopfdruck kann man die Geschichte umschreiben oder unliebsame Ereignisse aus der Vergangenheit löschen.

Ähnlich wie Touristen gefährliche Gegenden meiden, verwenden die Paranoiden die digitale Infrastruktur nur selektiv. Sofern möglich, erledigen sie alles offline. Sie bezahlen bar, flirten nicht über Apps und gehen an den Schalter, um die Adresse zu wechseln oder Geld zu tauschen. Deshalb setzen sie sich für die Erhaltung der Offline-Infrastruktur von Wirtschaft, Verwaltung, Bildung und Gesundheitswesen ein. Sie möchten auch in Zukunft mit Bargeld bezahlen, ohne Chip zum Arzt gehen, statt mit einem Chip mit einem Ticket Zug fahren. Um die Systemrisiken zu reduzieren, fördern die Paranoiden den Aufbau eines dezentralen Internets. In einem solchen gibt es keine zentralen Instanzen und Server, von denen alles abhängt.

Die Anti-Transhumanisten

Man kann die Digitalisierung als evolutionäre Kraft lesen, die Mensch und Maschine vereint. Einerseits nähert sich der Mensch durch technisches und geistiges Enhancement der Maschine an. Andererseits nehmen wir die Maschine nicht mehr als solche wahr, weil sie unauffällig und alltäglich geworden ist. Die Anti-Transhumanisten bekämpfen diese Verschmelzung. Sie fürchten die Herrschaft der Maschinen und ein Ende der Menschheit.

Durch Enhancement überwinden wir die Grenzen des menschlichen Körpers. Es beginnt bei medizinischen Hilfsmitteln wie der Brille, der Zahnprothese oder dem künstlichen Hüftgelenk. Schönheitsoperationen sichern die optische Integration in die visuelle Gesellschaft und wirken dem Altern entgegen. Seine logische Fortsetzung findet das Enhancement in der Überwindung unserer geistigen Grenzen. Wir implantieren uns Chips, um unsere Wissensspeicher zu erweitern oder mehr Informationen aufzunehmen. Ergänzend wirkt das weiche Enhancement. Chemische Substanzen helfen, die volle Leistungsfähigkeit und Kreativität abzurufen. Künstler pushen sich mit Kokain, Managerinnen steigern mit Ritalin ihre Leistungsfähigkeit, Lüstlinge intensivieren mit Poppers ihren Orgasmus. Wie von Huxley prophezeit, greift man zu Antidepressiva und Stimmungsaufhellern wie MDMA, um in die glückliche fleissige Gesellschaft zu passen.

Das Enhancement gleicht uns Menschen Maschinen an, die pausenlos funktionieren und kaum altern. Genauso werden die Maschinen menschlicher. In Japan setzt man in der Kranken- oder Alterspflege bereits selbstverständlich Roboter ein. Die schwedische Serie «Real Humans» zeigt am Beispiel von sich emanzipierenden Haushaltshilfen, wie die Grenzen von Mensch und Maschine relativ werden. Plötzlich sind Roboter die besseren Liebhaber, Grossmütter und Rechtsanwälte. In Kanada reiste ein Roboter per Autostop quer durch das Land und dokumentierte seine Erlebnisse auf seinem Instagram-Profil. Die ultimative Vermenschlichung der Maschine wird im Film «Her» thematisiert. Der frisch getrennte Theodore Twombly findet in der Software Samantha eine Trost spendende Gesprächspartnerin. Nach und nach wandelt sich die Freundschaft in eine Liebesbeziehung.

Die Emanzipation der Maschinen versetzt die Anti-Transhumanisten in Angst und Schrecken. Weder glauben sie an eine Coexistenz von Mensch und Maschine noch an die Würde der Maschine. Der Mensch ist sowohl die Krönung der Schöpfung als auch ihr Ende. Aus Sicht der Robotergegner provozieren die endlichen Ressourcen des Planeten zwangsläufig einen Krieg zwischen Menschen und Maschinen. In diesem haben Erstere durch ihre körperlichen Schwächen schlechte Karten. Deshalb rufen die Anti-Transhumanisten zu einem maschinenunabhängigen Leben oder gar zur Zerstörung von Robotern und Algorithmen auf.

Die Entschleuniger

Für die Entschleuniger ist das Internet der wichtigste Treiber der Beschleunigung. Wir sind gehetzt, glauben ständig, zu wenig Zeit zu haben, vor allem für die Dinge, die uns wirklich wichtig sind. Das Multitasking führt zu Erschöpfung und innerer Unzufriedenheit. Durch digitalen Entzug gewinnen wir die Herrschaft über die Zeit zurück und erhöhen unsere Lebensqualität.

Die Forderung nach Entschleunigung ist keine Entdeckung des Internetzeitalters. Beschleuniger wie das Auto oder die Dampflokomotive waren stets von Ängsten begleitet. Bei der ersten Fahrt einer Eisenbahn sagten Ärzte schlimme Gehirnkrankheiten und Lungenentzündungen voraus. Der giftige Qualm der Lokomotive würde Mensch und Vieh vergiften. Durch die Entgrenzung von Raum und Zeit, die Globalisierung und die 24-Stunden-Gesellschaft hat das Internet die Beschleunigung noch einmal angeheizt. Verkürzte Reaktionszeiten provozieren innere Unruhe und ein permanent schlechtes Gewissen. Man spürt, wie man nicht mehr allen Anfragen rechtzeitig nachkommen kann. Wer digital lebt, hat Mühe, die Verbindung zu kappen – wie ein Süchtiger, der sich nicht von seinem Rausch trennen will.

Das Internet macht etablierte Zeitnormen brüchig. Es ist jedem selber überlassen, wann er seine Tage beginnen und beenden, den «Tatort» schauen oder seine Mails beantworten will. Einzige Bedingung des neuen Zeitregimes ist, dass man die Verpflichtungen, die man durch seine Arbeit eingeht, einhält. Die Verdichtung zwingt uns, die Zeit ökonomisch zu nutzen. Man möchte möglichst viel aus einem Tag herausholen. Deshalb sehen wir uns gezwungen, mehreres gleichzeitig zu erledigen. Vor dem Fernsehen sortiert man Fotos, im Fitnesscenter bereitet man die nächste Sitzung vor. Doch das Multitasking hinterlässt ein schlechtes Gefühl. Man hat weder den Film genossen noch die Fotos bewusst sortiert.

Die Entschleuniger empfehlen uns einen digitalen Entzug und ein Entladen von Zeiteinheiten, um bewusster zu leben. Slow Food ist bereits prominent in den Medien vertreten. Die sorgfältige Zubereitung und der gemütliche Verzehr des Essens lässt uns Genuss und Gemeinschaft erfahren. Längst hat sich die Bewegung in weiteren Lebensbereichen eingenistet. Es gibt Slow Work, Slow Retail, Slow Travel, Slow Cities, Slow Design, Slow Education, Slow Media und sogar Slow Sex. Die Bewegung kulminiert in der Forderung, den technologischen Wandel zu verlangsamen, damit mehr Zeit für die Gegenwart übrig bleibt. Das setzt letztlich eine Politisierung des Fortschritts voraus.

Die Nachhaltigen

Die Nachhaltigen lehnen die Digitalisierung ab, weil sie die Lebensgrundlage künftiger Generationen gefährdet. Vor allem die produzierten Abfälle und der hohe Energiebedarf der digitalen Geräte sind störend. Um die Natur zu schützen, fordern die Nachhaltigen weniger Abfall, weniger Energieverbrauch, eine Schliessung der Stoffkreisläufe sowie eine Befreiung aus den Updatezwängen der Digitalisierungstreiber.

Die Nachhaltigen stören sich am endlosen Erneuerungsprozess, in dem uns die Digitalisierungstreiber gefangen halten. Alte Adapter sind genauso wenig mit neuen Geräten kompatibel wie alte Datenträger. Um mit dem digitalen Wandel mitzuhalten, werden wir aufgefordert, unsere Geräte und deren Software laufend upzudaten. Wer sich nicht erneuert, nimmt einen Rückstand im Rennen um die besten Arbeitsplätze und Netzwerke in Kauf. Um ihre Produkte abzusetzen, impfen uns die Technologikonzerne digitale Mangelgefühle ein. Wir sollen investieren, um mit der digitalen Elite kompatibel zu bleiben. Folgerichtig werden die digitalen Hilfsmittel zu Statussymbolen.

Die Nachhaltigen beschuldigen die Digitalisierungstreiber, durch fehlerhafte digitale Produkte ihre Profite zu erhöhen. Im

Unterschied zu früher werden Produkte statt für die Ewigkeit für einen vorher bestimmten Zeitraum produziert. Mit der geplanten Obsoleszenz verkürzen sie die Lebenszyklen und sichern sich die Treue ihrer Kunden. Doch es regt sich Widerstand: Kunden organisieren sich und bündeln ihre Macht. Sie wollen weder getäuscht noch zu Ersatzkäufen gezwungen werden. Viele bemängeln die unnötigen Abfälle, die durch die kurze Lebenszeit der Produkte entstehen. Die Nachhaltigen fordern ein Schliessen der Stoffkreisläufe. Es soll kein Abfall mehr entstehen, beziehungsweise dieser soll als Ressource verstanden werden.

Die Nachhaltigen setzen in ihren Aktionen auf Politik und Bildung. In zahlreichen Ländern haben sich grüne Parteien gebildet. Durch die Verankerung der Nachhaltigkeit in der Bildung werden die Lernenden für die ökologischen Auswirkungen des menschlichen Verhaltens sensibilisiert. Wird die Nachhaltigkeit konsequent ausgelebt, wird sie zur Quasireligion. Diese gibt das richtige Verhalten vor und macht die Digitalisierungstreiber und ihre Jünger zu Schuldigen. Mit nachhaltigen Produkten wie wiederverwertbaren Handys oder Lebensmitteln aus der Region versuchen die Nachhaltigen unseren Konsum zu verändern. Labels helfen, energieschonende Produkte zu erkennen, Apps unterstützen uns mit spielerischen Elementen beim Energiesparen.

Wie kämpfen die Offliner für eine alternative Zukunft?

Die Triebkräfte
der digitalen Kultur

Die Vielfalt der im ersten Teil vorgestellten Kritikpunkte und Änderungswünsche zeigt, wie breit die Bewegung der Offliner ist. Verbindend zwischen den unterschiedlichen Fraktionen wirkt das Selbstverständnis als Gegenkultur. Gäbe es keine digitale Leitkultur, fehlte die Notwendigkeit einer Gegenbewegung. Folglich definieren sich die Offliner zunächst einmal negativ – als Kontrast zur Digitalisierung und zu deren Treibern. Aus dieser Abwehrhaltung leiten sie ihre Identität, ihre Feindbilder und Zukunftsvisionen sowie die Initiativen ab, mit denen sie an einer alternativen Zukunft arbeiten. Je dominanter die Digitalisierungstreiber werden, desto stärker wird die Bewegung der Offliner, desto klarer die Identität der Gegenkultur. Wer diese Gegenkultur verstehen will, widmet sich am besten zuerst den Kräften, welche die digitale Zukunft hervorbringen.

Die Digitalisierung gleicht der Zivilisierung eines neuen Kontinentes. An vorderster Front der Eroberung kämpfen die Digitalisierungstreiber. Gemeinsam errichten sie eine allumfassende digitale Welt. Der gesamte Planet verschmilzt zu einem einzigen Netzwerk, in dem alle Nutzer unabhängig von ihrem Standort und ihrer Sprache miteinander kommunizieren können. Endziel ist die totale Vernetzung, die totale Integration aller Menschen, aber auch sämtlicher Geräte und Dinge in der Matrix. Deren wichtigste Treiber sind die Bauherren der digitalen Infrastruktur, die Produzenten von Hardware und Software, die Händler digitaler Inhalte, die Betreiber sozialer Netzwerke und alle Akteure, die Daten sammeln, verknüpfen, auswerten und verkaufen. Das Internet der Dinge macht auch die Hersteller von Uhren, Kleidern und Schuhen zu Digitalisierungstreibern. Durch den technologischen Fortschritt rücken zudem die Anbieter des Gesundheitswesens in diesen Rang auf.

Das zentrale Versprechen der Digitalisierungstreiber ist das einfache und intensive Leben. Das setzt umfassende Transparenz voraus. Unsere digitalen Schatten erlauben es ihnen, an unsere Bedürfnisse und Gewohnheiten anzuschliessen. Die Vereinfachung des Alltags basiert im Wesentlichen auf den Clouds, in denen wir unsere Fotos, Identitäten und Dokumente speichern. Indem unsere Daten ortsunabhängig vorhanden sind, können wir nichts Digitales mehr vergessen oder verlieren. Die Cloud wird zu einer digitalen Kopie unseres Ichs, die wir überall mitnehmen. Sie verbindet unsere Smartphones, Tablets und Desktops sowie die Rechner all jener, die mit uns interagieren wollen. Unternehmen und Behörden docken direkt an unsere Einstellungen und Gewohnheiten an. Die Schnittstellen zwischen uns und unseren Ärzten, der Verwaltung, Fluggesellschaften und Versicherungen lösen sich auf. Das Ich nimmt seine digitale Kopie mit zum Besuch bei den Eltern, zum Psychiater, in das Unterhaltungssystem des Flugzeugs, zu den Behörden einer anderen Stadt.

Die totale Transparenz über unsere Gene, Gefühle, Bedürfnisse, Vorlieben und Gewohnheiten offenbart die Potenziale, um unser Leben zu intensivieren. Algorithmen berechnen daraus jene Optionen, die genau zu uns passen. Gleichzeitig ermuntert uns die Zugänglichkeit aller Optionen per Mausklick, neue Dinge auszuprobieren. Man nähert sich den Tiefen und Rändern seiner Persönlichkeit. Freilich muss man den Mut haben, die Opportunitäten auch Wirklichkeit werden zu lassen. Die Transparenz der Möglichkeiten forciert die Individualisierung. Wir surfen alle anders durch das Internet, lesen verschiedene Zeitungsartikel, schauen uns andere Serien an. Unsere Smartphones steigern die Individualisierung zur Hyperindividualisierung. Das Individuum trägt seine persönliche Welt im Hosensack, kann noch flexibler auf die Möglichkeiten reagieren und jedes Problem selbständig mit seinem Minicomputer lösen. Auf dem Smartphone finden die Währungen des digitalen Zeitalters zusammen: Geld, Netzwerke und Informationen. Dadurch wird es zu einer Art Metabank. In Zukunft könnten Projektionen auf das Handgelenk oder eine intelligente Kontaktlinse diese Funktion übernehmen.

Ebenso ist die neue Transparenz Grundlage einer umfassenden Effizienzsteigerung der Ressourcen von Individuum, Unternehmen und Staat. Das Quantified Self sieht, wie gut es seine Zähne putzt, welche Nährstoffe es zu sich nimmt, wie viele Schritte es gemacht hat, an wie vielen Tagen es im letzten Jahr glücklich war, welche Freunde es vernachlässigt hat. Mit diesem Wissen kann es seine beschränkten Ressourcen gezielter einsetzen. Die Transparenz löst Selbstreflexion aus und stärkt den Wunsch nach Selbstoptimierung. Derselbe Effekt tritt bei Unternehmen und Gemeinschaften auf. Der komplette Ressourcenbedarf wird digital aufgezeichnet. Wasser, Erdöl, Zeit oder die Fähigkeiten der Mitarbeitenden lassen sich dadurch intelligenter nutzen. Die SBB weiss, wann welche Züge wie voll sind, und kann so Rollmaterial und Personal sparen. Mitarbeitende der Verwaltung erkennen, wann welche Abfalleimer gelehrt werden müssen oder wie man die Verkehrsströme des Pendlerverkehrs optimiert.

Die Fortsetzung der Digitalisierung setzt Standardisierung voraus. Nur wenn alle dieselbe Infrastruktur und dieselben Datenmodelle verwenden, ist eine Ausdehnung des Netzes und damit eine weitere Effizienzsteigerung möglich. Wer wie Apple die Standards für Hardware, wie Facebook jene für die sozialen Verzeichnisse oder wie Google die für die Gewohnheiten der Internetnutzung definiert, wird zu einem mächtigen Zentrum. Die Grösse erlaubt es, Produkte günstiger herzustellen, Rohstoffe billiger einzukaufen und das Know-how beziehungsweise die Marke auf neue Produkte und Dienstleistungen auszudehnen. Das festigt digitale Lock-in-Effekte. Je mehr Bedürfnisse wir bei einem Konzern befriedigen und je mehr Daten wir bei diesem hinterlassen, desto schwieriger wird der Wechsel zu einem anderen Anbieter. Apple nutzt diesen Vorteil in der gegenseitigen Abstimmung seiner Geräte, Facebook profitiert von Archiven und Netzwerken, die sich die Nutzer über Jahre erarbeitet haben.

Wer den digitalen Raum erobern will, versucht Netzwerkeffekte zu erzielen. Das sind die Effekte, die sich durch eine starke Stellung im Netzwerk einstellen. Konsumenten werden sich für jene Anbieter entscheiden, die den grössten Nutzen versprechen, also das grösste Potenzial zur ökonomischen, technischen und sozialen Vernetzung bieten. Anbieter wiederum profitieren bei neuen Mitgliedern durch die Metadaten sowie die Anziehungskraft auf noch mehr Mitglieder. Sie streben nach Monopolstellungen, um Aufmerksamkeit, Kunden und Investitionen auf sich zu ziehen. So erscheint ein erfolgreicher Anbieter zuoberst in Google, was sich wiederum positiv auf die Gewinnung neuer Nutzer und das Interesse der Medien auswirkt. Je mehr Kunden und je mehr Medienpräsenz man hat, desto mehr Geld steht für die Marktbearbeitung und die Produktentwicklung zur Verfügung. Selbst die Politik ordnet sich den Konzernen unter. Staaten sind sowohl an den Steuereinnahmen der Konzerne als auch an deren Know-how, deren Arbeitsplätzen sowie deren Ausstrahlung für kreative, reiche und vernetzte Menschen interessiert. Das macht diese erpressbar.

Je mehr Daten existieren, je mehr das Internet der Dinge und die Anwendungen der Augmented Reality in unseren Alltag vordringen, desto mehr ersetzt die Maschinen-Maschinen- die Mensch-Mensch- oder Mensch-Maschinen-Kommunikation. Anders ausgedrückt: Die Maschinen handeln vermehrt ohne unser Zutun. Das Auto fährt jene Strecke, die aufgrund der aktuellen Verkehrssituation am sinnvollsten ist. Der Kühlschrank kauft mittels unserer Gesundheitsdaten ein. Bisher zeigt die Digitalisierung die Merkmale eines sich selbst beschleunigenden, exponentiell verlaufenden Prozesses. Die Wirkung der Digitalisierung wird ständig stärker, wobei wir in der Vergangenheit dazu tendieren, die Auswirkungen der Digitalisierung zu unterschätzen. Die Digitalisierung ist an und für sich richtungslos. Erst wenn man sie als Evolution deutet, führt der technologische Fortschritt zur Entstehung von kollektiver Intelligenz, die über die Intelligenz des einzelnen Menschen hinausgeht.

Die Motive
der Digitalisierungstreiber

Zweifellos erhöhen die Digitalisierungstreiber mit ihren Aktivitäten unseren durchschnittlichen Wohlstand. Das liegt in erster Linie an der zur Verfügung gestellten Infrastruktur. Im 20. Jahrhundert waren es Kabelleger, Eisenbahn-, Strassen- und Brückenbauer, die im Auftrag des Staates die analoge Infrastruktur errichteten. Alle Bürgerinnen sollten im Rahmen des Service public Zugang zu Information, Kommunikation und Mobilität erhalten. Nun aber wird die digitale Infrastruktur nicht mehr vom Staat, sondern von Privaten errichtet. Diese verfolgen unverkennbar Eigeninteressen. Letztlich wollen die Digitalisierungstreiber den digitalen Raum beherrschen. Über das Design der Matrix zementieren sie ihre Macht, die sich in der Verfügungsgewalt über die Währungen des digitalen Zeitalters spiegelt: die Informationen, die Netzwerke und das Geld.

Mit der Übernahme von Unternehmen, die ähnliche Funktionen anbieten, löschen sie die Konkurrenz aus und verleiben sich deren künftige Potenziale ein. Darum (und aufgrund der Daten) kaufte Facebook Whatsapp und Instagram. Durch die Integration von vor- und nachgelagerten Anbietern ihrer Wertschöpfungsketten beenden die Digitalisierungstreiber die Abhängigkeiten von ihren Lieferanten. Gleichzeitig sichern sie sich deren Kundenzugänge, inklusive deren Daten. Interessant ist in diesem Zusammenhang die Annäherung von Novartis und Google. Die Zusammenarbeit ist nicht nur technologisch sinnvoll, sie steigert auch die Aussagekraft der vernetzten Datensätze. Die Kombination der Daten erhöht das Verständnis für das Verhalten und die Bedürfnisse der Kunden überproportional. Zugleich dehnt man die Lebensbereiche aus, in denen man als Konzern Wertschöpfung anbietet. Irgendwann bleibt uns allen nur noch der Weg ins Netz des Monopolisten übrig.

Konsumzwang, Big Data und die Abschöpfung der Zahlungsbereitschaft steigern die Erträge der Digitalisierungstreiber. Am besten gelingt dies, wenn sie unsere individuellen Bedürfnisse, Kauf- und Mediengewohnheiten kennen. Je mehr wir digital einkaufen, desto mehr werden wir mit individuellen Sortimenten und personalisierten Preisen verführt. Es entstehen umfassende Datenpakete, die unser Aussehen mit unseren demographischen, ökonomisch und politisch relevanten Daten verbinden. Wir glauben in sämtlichen Online-Kaufhäusern und -Plattformen dieselben Angebote zu sehen – tatsächlich erhält jeder von uns ein anderes. Browser, Betriebssystem und Smartphone beeinflussen den Preis im Online-Shopping. Mit den gesammelten Daten berechnen die Digitalisierungstreiber den Preis, den wir gerade noch bereit sind zu bezahlen. Diese Individualisierung der Preise ermöglicht ihnen, bei jedem Kunden die Marge zu maximieren. Je mehr Daten integriert werden, desto präziser werden die vorhergesagten Preise.

Noch wichtiger als einzelne Daten sind die Metadaten, die durch den Zusammenzug der Daten von mehreren Nutzern entstehen. Die Beobachter interessieren sich kaum dafür, was wir unseren Freunden auf Whatsapp schreiben. Viel interessanter ist zum Beispiel, wer im Zentrum der Kommunikationsströme steht und so als Multiplikator in der Verbreitung politischer Meinungen und Marketingbotschaften dient. Weil die Metadaten als Potenzial künftiger Geschäftsmodelle gelten, versuchen Unternehmen direkten Kontakt zu Endkunden zu erhalten – falls nötig durch Übernahmen. Das US-Militär tötet sogar mithilfe dieser Metadaten. Drohnen werden aufgrund der gesammelten mobilen Verbindungsdaten auf ihre Ziele angesetzt. In einer freien Marktwirtschaft sind unsere Daten ein freies ökonomisches Gut, das wie jedes andere angeboten und verkauft werden darf. Aus Sicht der Liberalen bremsen Datengesetze das Wirtschaftswachstum und führen folglich zum Verlust von Arbeitsplätzen.

Um uns von den Vorteilen einer noch weitergehenden Digitalisierung zu überzeugen, betreiben die Treiber aufwändige Propaganda. Der Appell an unsere Hoffnungen und Ängste sichert unseren Gehorsam. Die Digitalisierungstreiber versprechen uns, mit ihren Angeboten beliebter, begehrter und erfolgreicher zu sein. Noch wichtiger als der Verkauf einzelner Produkte ist das Vermarkten der Zukunft. Wer die Matrix baut, beherrscht die Zukunft. Reicht Propaganda nicht aus, um uns auf den vorgesehenen Weg zu bringen, bleibt der Weg des Social Engineerings – das Eingreifen in die Struktur und das Befinden einer Gesellschaft. Als Mittel stehen traditionelle Mittel wie Einwanderungspolitik, Geburtenkontrolle, die Beeinflussung der Medien, das Anzetteln von Kriegen und das Verüben von Terroranschlägen im fremden Namen zur Verfügung. Futuristischer klingen die Manipulation von Klima und Börse oder die Verbreitung von Krankheitserregern. Selbstverständlich gibt es auch digitale Hilfsmittel wie die Beeinflussung von Bedürfnissen, selektive Information, Zensur, ablenkende Unterhaltung oder die gezielte Deinformation.

Unbestritten hat die Digitalisierung auch eine geopolitische Dimension. Sie wird von Staaten bewusst gelenkt, um politische und wirtschaftliche Ziele zu erreichen. Macht wird im digitalen Zeitalter wesentlich mithilfe der Wirtschaft ausgeübt. Dabei gewinnt das digitale Territorium gegenüber dem analogen an Bedeutung. In diesem Zusammenhang fällt die Macht der USA über die Digitalisierungstreiber auf. Apple, Dropbox, Amazon, Facebook, Microsoft und Google gehören alle zu den zentralen Gestaltern der digitalen Zukunft. Verschwörungstheoretiker sehen gar ein Geflecht von Wirtschaft, Politik und Geheimdiensten, die gemeinsam die Welt lenken. Unabhängig von der Macht einzelner Staaten teilt die Digitalisierung die Welt entzwei. Es gibt jene Länder, die aktiv steuern und dadurch von den Renditen profitieren. Umgekehrt gibt es Länder, die als reine Konsumenten den Veränderungen beziehungsweise den Wünschen der Treiber passiv ausgesetzt sind.

Interessant ist die Frage, ab wann sich die Digitalisierungstreiber gegen die Gesellschaft wenden. Metaphysisch könnte man fragen, ab wann sie böse werden. Sie werden es dann, wenn die Matrix wichtiger als unser Befinden und die Freiheit der Vision untergeordnet wird. Einsprüche und Andersdenkende werden nicht mehr toleriert, die Verbreitung, Diskussion und Erarbeitung von alternativen Zukunftsvorstellungen wird unterbunden. Böse sind die Digitalisierungstreiber auch dann, wenn sie von uns allen umfassende Transparenz einfordern, aber selbst nicht transparent sind. Das betrifft in erster Linie das Design der Matrix und damit die Programmierung der Algorithmen.

Die Deklaration des herrschenden Systems als böse eröffnet die Möglichkeit eines Gegenentwurfs, also grundlegender Alternativen für das Wirtschafts-, Polit-, Sozial- und Bildungssystem. Eine radikale Systemalternative kippte die unilaterale Weltordnung der Digitalisierungstreiber in eine multi- oder wenigstens eine bipolare. Fortan gäbe es zumindest eine weisse und eine schwarze Matrix, die stellvertretend für unterschiedliche Zukunftsvisionen stehen. Diese Systemkonkurrenz ähnelt der einstigen Rivalität von Kapitalismus und Kommunismus. Erneut geht es um die Frage der Zentralisierung und Dezentralisierung des Entscheidens sowie um Selbst- und Fremdbestimmung. Aufgrund der technologischen Durchdringung dringen die Matrizen aber viel tiefer in unseren Alltag ein.

Die Gemeinsamkeiten
und Unterschiede der Offliner

Aus der Heterogenität der Offliner ergeben sich gemeinsame Ziele, aber auch Zielkonflikte. Das wichtigste Bestreben der Offliner ist nicht, wie die Bezeichnung auf den ersten Blick suggerieren mag, die Entkoppelung vom Internet. Vielmehr wollen sie die digitale Zukunft in technologischer, politischer, wirtschaftlicher und gesellschaftlicher Hinsicht mitgestalten. Fünf Eigenschaften stehen beim Design einer alternativen Matrix im Vordergrund.

Multipolare Machtverhältnisse: Die Offliner wollen verhindern, dass einzelne Digitalisierungstreiber zu viel Macht erhalten. Die Machtkonzentration beruht massgeblich auf der Verteilung der Digitalisierungsrendite. Das sind die ökonomischen Vorteile, die durch die Verlagerung des Lebens in den digitalen Raum anfallen. Soll unsere digitale Zukunft nicht von einer kleinen Elite designt werden, braucht es eine Politisierung der Digitalisierung. Sie soll ein offener Innovationsprozess sein, an dem sich alle beteiligen können. Zudem fordern die Offliner eine Beteiligung an den Erträgen, die durch unsere Daten erwirtschaftet werden.

Reziproke Transparenz: Die Offliner wollen, dass das Gebot der Transparenz für alle Akteure der digitalen Gesellschaft gilt.

Ungleiche Transparenz steht stellvertretend für ungleiche Macht- und Marktverhältnisse. Staaten und Konzerne fordern umfassende Transparenz bezüglich unseres Verhaltens und unserer Gedanken ein, gewährleisten diese aber selbst nicht. Insbesondere verlangen die Offliner Klarheit über die eingesetzten Algorithmen. Die Digitalisierungstreiber sollen die Mechanismen offen legen, die lenken, was wir im Internet kaufen, lesen und entdecken. Ein wichtiger Bestandteil der reziproken Transparenz ist die informationelle Selbstbestimmung. Wir sollen selbst bestimmen, wann jemand über uns Informationen sammeln, diese bearbeiten oder verkaufen darf.

Entscheidungsfreiheit: Die Offliner wollen, dass jeder selbst über seine digitale Zukunft bestimmen kann. Das setzt eine Vielfalt digitaler Zukünfte voraus, die sich in einem breiten Angebot an Digitalisierungstreibern und dazugehörigen Produkten spiegelt. Monopole schränken die Entscheidungsfreiheit massiv ein. Sie erlauben es Konzernen, die Zukunft in Eigenregie zu konstruieren. Dagegen wehren sich die Offliner. Die Digitalisierungstreiber sollen uns insbesondere nicht vorschreiben, welches technologische, psychische und chemische Enhancement nötig ist, um an der Gesellschaft teilzuhaben. Der Mensch soll Herr über die Technologie sein, Technologie darf kein Selbstzweck sein. In dieser Haltung gelingt eine Befreiung aus den Updatezwängen.

Digitale Diversität: Die Offliner wollen Lebensstile jenseits des digitalen Mainstreams stärken. Es muss genauso möglich sein, ohne E-Mail zu leben wie mit einer Google-Brille. Digitale Diversität ist vermehrt mit unterschiedlichen Lebenstempi verbunden. Während Hyperdigitale beschleunigen, bemühen sich die Offliner um Entschleunigung. Die Offliner wollen auch ohne ständige Updates Teil der digitalen Gesellschaft sein. Fehlt das Verständnis der Onliner für die Offliner, aber auch der Offliner für die Onliner, droht eine neue Form des Rassismus. Falsch Digitalisierte werden schikaniert, bedroht oder ausgeschlossen.

Soziale Integration: Die Offliner wollen der gesellschaftlichen Auflösung entgegenwirken. Soziale Integration heisst, allen Mitgliedern einer Gesellschaft dieselben Rechte zuzugestehen. Die Offliner befürchten, dass Freiheiten vermehrt über den Markt gehandelt statt per Gesetz garantiert werden. Dadurch erhalten auch rechtliche Güter wie die Meinungsfreiheit, die Privatsphäre, die sexuelle Identität oder der Konsum von Rauschgift einen Preis. Nur wer es sich leisten kann, darf seine Meinung frei äussern, homosexuell sein oder Drogen konsumieren. Die Offliner setzen sich für eine Stärkung des Rechtsstaates ein, um diese Güter für alle zugänglich zu machen. Integration setzt den Zugang zur digitalen Infrastruktur für alle Mitglieder einer Gesellschaft voraus.

Diese geteilten Anliegen stehen im Kontrast zu ungleichen Prioritäten im digitalen Transformationsprozess. Die Heterogenität folgt aus den unterschiedlichen Gütern, welche die Fraktionen bedroht sehen. So wollen die Anti-Transhumanisten das menschliche Wesen schützen, die Nachhaltigen die Natur, die Kulturpessimisten die Kultur, die Gottesfürchtigen die metaphysische Ordnung. Für eine Gegenkultur ist diese Heterogenität geradezu symptomatisch, vereint sie doch alle Gegenentwürfe des Mainstreams. Sie bietet allem Platz, was im System keinen Platz hat oder vom System verdrängt wird. Als Kontrapunkt zu einem Vielfalt reduzierenden System ist das Bekenntnis der Gegenkultur zur Vielfalt zwingend. Doch die Heterogenität der Gegenkultur schwächt den Widerstand gegen die Digitalisierungstreiber. Sie begünstigt die Verzettelung, eine ineffiziente Nutzung der Ressourcen und gegenseitige Bekämpfung. In der Folge werden die wichtigsten Differenzen der Offliner vorgestellt.

Haltung zum Fortschritt: Die Offliner sind sich zwar einig, dass der technologische Fortschritt bewusster gelenkt werden soll. Sie wehren sich gegen eine verordnete Zukunftsnaivität, befohlene Updates und einen blinden Technikglauben. Jedoch gibt es keinen Konsens, wann welche technologische Errungenschaft abgelehnt werden soll. Anti-Transhumanisten lehnen das Enhancement ab, während die Verlierer den Strukturwandel aufhalten wollen. Die unterschiedliche Haltung zur Technologie spiegelt sich in der Internetnutzung: Während Nonliner und Paranoide nahezu offline sind, spielt das Internet bei der Organisation und dem Zukunftsdesign von Selbstverwaltern und Kapitalismusgegnern eine zentrale Rolle.

Design des Wirtschaftssystems: Die Offliner wünschen sich aus unterschiedlichen Gründen ein anderes Wirtschaftssystem. Nachhaltige, Selbstverwalter, Kapitalismus- und Globalisierungsgegner wollen ein dezentrales System inklusive Nachhaltigkeit und Konsumbeschränkung. Verlierer und Nationalisten wünschen sich die wirtschaftlichen Verhältnisse vor dem digitalen Strukturwandel zurück. Während die Offliner zwar der Wunsch nach einem Redesign der Wirtschaft vereint, ist man sich in der Neugestaltung uneinig. Ein Verlierer will keine Sharing-Economy, die noch mehr Arbeitsplätze kostet. Ein Selbstverwalter wehrt sich gegen eine nationalistische Wirtschaft, die das globale Teilen von Wissen verhindert.

Ordnende Institutionen: Gottesfürchtige, Nationalisten und Kulturpessimisten setzen sich für die Aufrechterhaltung von Institutionen ein, die in der vordigitalen Zeit eine zentrale Funktion und eine entsprechende Machtposition hatten. Im Falle der Gottesfürchtigen geht es um die metaphysische Ordnung und die Kirche, Nationalisten wollen das System der Nationalstaaten aufrechterhalten, Kulturpessimisten etablierte Expertensysteme vor Crowds schützen. Diese drei Systeme sind allesamt gefährdet, verlangen aber nicht dieselben Schutzmassnahmen. Der Schutz ist für diejenigen Offliner störend, die in diesen Institutionen eine Gefahr für die Entscheidungsfreiheit sehen.

Systemgrenzen: Die Offliner unterscheiden sich im Hinblick auf den angestrebten Aktionsradius. Während Entschleuniger, Nonliner und Datenschützer ein klar definiertes Anliegen haben, steht bei den Anti-Transhumanisten, den Nachhaltigen oder den Kapitalismusgegnern ein alternatives System im Vordergrund. Zudem gibt es eine klare Trennlinie zwischen global und national orientierten Offlinern. Während Nationalisten und Globalisierungskritiker die globale Vernetzung kritisch sehen, appellieren Datenschützer und Nachhaltige an die Notwendigkeit von international einheitlichen Regeln. Aus den unterschiedlichen Systemgrenzen folgt Uneinigkeit, ob das Internet bewusst zusammengehalten oder umgekehrt bewusst fragmentiert werden soll.

Präferenzen im Vorgehen: Genauso unterschiedlich wie die inhaltlichen Anliegen sind die Vorstellungen, wie man auf die Matrix einwirken soll. In den Initiativen der Offliner spiegelt sich das gesamte Spektrum von politischer bis ökonomischer Intervention. Die einen wollen durch neue Produkte eine alternative digitale Zukunft hervorbringen, die anderen durch kollektive Entscheide und neue Institutionen. Dabei sind die Voraussetzungen, um sich an der Diskussion der Zukunft zu beteiligen, sehr unterschiedlich. Zum Beispiel gehören die Kulturpessimisten häufig zur intellektuellen Elite und setzen auf konstruktiven Widerstand im System. Wer aber nicht Teil davon ist, neigt zu dessen Destruktion.

Nicht alle Offliner werden gleich viel Wirkung erzielen. Begünstigt sind jene Offliner, die Zugang zu zeitlichen, finanziellen und intellektuellen Ressourcen haben und in der Vermarktung und Beeinflussung von Meinungen erfahren sind. Das gilt am ehesten für die Nationalisten und die Nachhaltigen. Bevorzugt sind zudem die Anliegen derjenigen Offliner, die sich über einen Markt realisieren lassen. Das scheint besonders auf die Nachhaltigen, die Datenschützer und die Entschleuniger zuzutreffen. Für den Vertrieb alternativer Güter und Dienstleistungen muss man nicht das ganze System verändern. Im Gegenteil können diese Offliner die Systemlogik des Profitstrebens nutzen, um die Matrix zu beeinflussen. Eine Änderung innerhalb der Matrix ist stets einfacher zu erreichen als ein Redesign der Matrix selbst. Entgegen dieser Argumente könnte eine Offliner-Fraktion dann schnell an Bedeutung gewinnen, wenn sie wirkungsvoll ihre Anliegen platzieren und eine grosse Menge von Sympathisanten hinter sich bringen kann. Dazu ist das Schüren von Emotionen und das Stilisieren von Feindbildern dienlich. Auf diese Strategie dürften neben den Nationalisten die wütigen Gottesfürchtigen, Verlierer und Anti-Transhumanisten schielen.

Die politischen
Initiativen

Mit ihren Initiativen wehren sich die Offliner gegen die Herrschaft der Digitalisierungstreiber. Der Widerstand beginnt mit der Rückeroberung von Raum und Zeit. Wie Momo in der Geschichte von Michael Ende helfen uns die Offliner, die von den grauen Herren gestohlene Zeit zurückzuerobern. Mit Meditation, Yoga oder einem Aufenthalt im Silent Room bringen wir den hektischen Alltag zum Stillstand und schenken unserem Selbst Zeit. Entschleunigt, befreit es sich aus den Zwängen der Mobilität und Beschleunigung. Dieselbe Wirkung haben Rituale wie der digitale Sabbat oder der National Day of Unplugging. Sie ermuntern uns, die Realität zu erkunden, statt unsere Zeit mit Ballerspielen oder Facebook-Orgien zu vergeuden. Digitale Ruhetage bieten Anlass, um Freunde zu treffen, spazieren zu gehen, ein Buch zu lesen oder das süsse Nichts zu geniessen. Apps wie Freedom Rescue Time oder Self Control zeigen uns auf, wo wir Zeit verschwenden, und helfen uns, durch die Kappung der digitalen Leitung verlorene Zeit zurückzugewinnen.

Auch die zweite anthropologische Konstante, der Ort, wird durch die Digitalisierung relativiert. Die Globalisierung und mit ihr die gestiegene Mobilität lockern unsere Wurzeln. Wir jagen die Möglichkeiten des intensiven Lebens rund um den Globus. Einen grossen Teil unserer Tage verbringen wir zwischen den Orten. Nichtorte, Orte ohne Identität und Geschichte, werden zu unseren primären Aufenthaltsorten. Mit dem Eingrenzen der Mobilität glauben die Offliner, ihre Lebensqualität zu steigern. Sie reisen mit dem Zug statt dem Flugzeug, erkunden in ihren Ferien die Region statt fremde Kontinente, ziehen um, anstatt zu pendeln. Um konsum- und überwachungsfrei zu sein, reklamieren sie mehr öffentlichen Raum. In San Francisco gibt es regelmässig Demonstrationen gegen die Spezialbusse für die Arbeitskräfte des Silicon Valley und die Erhöhung der Mieten, welche ihre Ansiedelung auslöst. Kein Wunder, kommt es gerade hier vermehrt zu Übergriffen auf Google-Brillen-Träger.

Die Rückbesinnung auf Raum und Zeit steigert die Aufmerksamkeit gegenüber der Natur. Ein wachsendes Angebot von Waldspielgruppen, -kindergärten und -schulen zeugt vom Bedürfnis vieler Eltern, ihre Kinder in Einklang mit der Natur aufwachsen zu lassen. Der Aufenthalt in der Natur lehrt die jungen Menschen, die Natur zu schätzen, sie werden für die Einbettung des Lebens in eine Gesamtordnung sensibilisiert und vor der technischen Entfremdung geschützt. Wertschätzung gegenüber dem Planeten spiegelt sich auch in einer bewussten Ernährung. Nahrungsmittel aus der Tiefkühltruhe sind für die Offliner verpönt, stattdessen ist Einkaufen auf dem Markt angesagt. Mit saisonalen Produkten und der Förderung von Kleinbauern aus der Region konnten sich in den letzten Jahren viele Kurierdienste etablieren. Durch das zufällige Angebot im Gemüse-Abo lernt man, auf die Launen der Natur Rücksicht zu nehmen. Blogs mit Kochideen und Rezepten unterstützen die Kundinnen und Kunden in der täglichen Verarbeitung der vielleicht noch unbekannten Nahrungsmittel.

In vielen Städten beleben Urban-Farming-Projekte das Stadtbild. In den Gärten auf dem Flachdach oder der Baustelle wird kompostiert und Humus gepflegt. Es werden Tomaten gezüchtet, Bienenstöcke und Hühnerkollektive gehalten oder auf Hausdächern Fische gezüchtet. Die Stadtgärten fördern nicht nur die Dezentralisierung der Nahrungsmittelproduktion und die Renaturalisierung. Sie beleben auch die Nachbarschaft. Der gemeinsame Gemüseanbau bricht mit der Anonymisierung, fördert die Integration der Individualisierten, reduziert die Transportwege und relativiert die Macht der Nahrungsmittelkonzerne. Mit einem 3D-Drucker befreit man sich auch von den Nebenwirkungen einer zentral gesteuerten Industrie. Schon bald wird man die wichtigsten Güter des Alltags – Spielzeuge, Zahnbürsten oder Kochlöffel – selbst herstellen und bei Bedarf wieder einschmelzen können. In Zukunft sollen auch Autos und Häuser, später sogar biologisches Material wie Gewebe und Ersatzhaut zuhause gedruckt werden.

Installationen und Protestaktionen in der Tradition der Situationisten zeigen uns auf, wie unfrei wir geworden sind. Die aus dem Applestore verbannte App Situationist forderte ihre Nutzer auf, spielerisch im öffentlichen Raum miteinander zu interagieren. Sobald ein Nutzer in die Nähe kam, wurde man per Push-Mitteilung mit einer Aufgabe konfrontiert. Zum Beispiel sollte man der Nutzerin ein Kompliment für ihre Frisur machen oder diese für fünf Sekunden umarmen. Auch das Kollektiv Improv Everywhere überrascht auf der ganzen Welt regelmässig mit kreativen Interventionen. Die Aktivisten bleiben in der New Yorker Central Station alle gleichzeitig stehen oder ziehen sich in der Metro bis auf die Unterhosen aus. Mit der Dokumentation ihrer Abenteuer auf Youtube erreichen sie ein noch viel grösseres Publikum. Auch «Twit Callejero» (Street Tweet) verknüpft den digitalen mit dem analogen Raum. Die Bürgerinnen der Stadt in Ecuador sollten in

140 Zeichen über ihre Probleme berichten. Ganz im Sinne von Cross Media wurden die von der Community prämierten Tweets anschliessend als Plakate aufgehängt.

Auch während der Proteste in Hong Kong 2014 erreichte das Internet die Strassen. In den betroffenen Vierteln wurden für die Demonstranten Grussbotschaften und Ermunterungen an die Wolkenkratzer projiziert. Das Netz spielt generell eine grosse Rolle für die Dokumentation, Organisation und Verstärkung von Protestaktionen. Die mediale Präsenz wirkt anziehend auf neue Aktivisten und lädt die traditionellen Medien ein, über die Aktionen und Aktivisten zu berichten. Ein Beispiel für diesen Mechanismus sind die «bösen Clowns». Nach dem Vorbild des Jokers in «The Dark Knight» bedrängten Jugendliche auf der ganzen Welt unschuldige Passanten. Sie verfolgten und erschreckten sie oder bedrohten sie mit Äxten, Messern, Baseballschlägern und falschen Pistolen. In seltenen Fällen kam es zu Übergriffen, so zum Beispiel in Montpellier, wo ein Mann mit einer Eisenstange niedergeschlagen und ausgeraubt wurde. Ähnlich medienpräsent ist die Veranstaltungsserie «Tanz dich frei – wem gehört die Stadt?», die zwischen Demonstration, Diskothek und gewaltbegleitendem Protest agiert.

Die Offliner zeigen uns aber auch konkrete Wege auf, wie wir uns aus den Schlingen der Digitalisierungstreiber befreien können – zum Beispiel indem wir unsere digitalen Schatten minimieren. Im Internet finden sich zahlreiche Anleitungen, die zeigen, wie man beim Surfen seine Spuren verwischt. Browsererweiterungen wie Do Not Track Me, Disconnect oder Privacy Badger halten digitale Spione fern. Adblock Plus blockiert Banner, Popups und Videowerbung, auch auf Facebook und Youtube. So wird man weder abgelenkt noch zum Konsum verführt. Die Offliner zeigen uns in Bastellektionen wie Kill Your Phone, wie wir die automatische Datenübermittelung unserer Smartphones ausschalten, und erklären uns, warum wir die Linsen unserer Webcams zukleben sollten. Aggressiver sind CamOver, ein Wettbewerb, der zur Zerstörung von Überwachungskameras aufruft, oder Bürgerwehren, die sich zum Abschuss von Drohnen formieren. Je weniger digitale Schatten ein Digitalisierungstreiber sammeln kann, desto weniger kann er sein Informations- und Konsumangebot auf uns abstimmen, falsche Entscheide sanktionieren oder unser Verhalten vorhersehen. Ein Tag-me-not-Abzeichen signalisiert, dass wir weder fotografiert noch per Tag identifiziert werden möchten. Damit fordern wir Touristen und eifrige Facebook-Freunde auf, keine digitalen Schatten von uns zu kultivieren. In Zukunft werden die Abzeichen digital, um Algorithmen, Drohnen und Sensoren bei ihrer Identifikation- und Überwachungsarbeit zu behindern. Portable Störsender werden die Identifizierung durch RFID-Chips verhindern. Stecker wie Cyborg Unplug schützen vor unerwünschter Überwachung. Die überbordenden Datenströme laden zu Umdeutung, Umlenkung und Manipulation ein. Auch die absichtliche Täuschung der digitalen Beobachter ist ein Mittel, um sich aus deren Herrschaft zu befreien. Das Künstlerkollektiv Bitnik interveniert digital, zum Beispiel entführt es Überwachungskameras. 2012 hackte man Kameras und ersetzte die Überwachung mit einer Einladung zum Schachspielen. Die steigende Präsenz der Algorithmen in unserem Alltag lädt dazu ein, diese umzuschreiben. Anstelle von berechenbaren Lösungen könnten diese nach einem Putsch gezwungen werden, zufällige oder sinnlose Ergebnisse zu liefern.

Wenn dann doch Daten anfallen, unterstützen uns die Offliner bei der Erarbeitung und Durchsetzung von Spielregeln beziehungsweise bei der Vermeidung digitaler Enteignung. Auf Datacoup kann man seine Twitter-, Facebook- und Kreditkartendaten verkaufen. In der Betaversion erhalten die Nutzer pro Monat acht Dollar. Im Internet gibt es aber bereits Beispiele, wo mit persönlichen Daten wesentlich mehr Geld verdient wurde. Der holländische Künstler Federico Zannier ersteigerte sich 2733 Dollar für seine digitalen Schatten. Je mehr Spuren wir hinterlassen, desto dringender stellt sich die Frage nach unserem digitalen Nachlass. Noch gibt es keine dominierenden Anbieter, die nach unserem Ableben alle Spuren zum Verschwinden bringen oder die Erträge unserer Daten an unsere Erben überschreiben. Die Offliner fordern von Verwaltung und Konzernen eine demokratischere Handhabung unserer Daten. Open Data setzt sich für die Offenlegung gesammelter Daten ein. Die freie Verfüg- und Nutzbarkeit soll das Experimentieren mit den Daten fördern und das Vertrauen in die Regierung stärken. Fair Data zeichnet englische Unternehmen aus, die dem Datenschutz besondere Bedeutung schenken. So dürfen Daten nur mit dem Einverständnis der Kunden gesammelt werden, wobei man diese auch über deren Verwendung informieren muss.

Um ihren Einfluss besser geltend zu machen, arbeiten die Offliner an der Etablierung neuer Institutionen. Kennzeichnend für diese sind der Einbezug der Basis, die Gleichberechtigung der Teilnehmenden, die Transparenz der Entscheidungsfindung und der Ressourcen sowie die informationelle Selbstbestimmung der Mitglieder. Murks ist eine Bewegung gegen die geplante Obsoleszenz. Damit werden Produkte bezeichnet, die bewusst nicht für die Ewigkeit hergestellt werden. Besonders einfach ist das Verfallsdatum bei elektronischen Produkten einzubauen. Murks setzt sich als Verbraucherorganisation für nachhaltige Produktqualität, die Schliessung von Stoffkreisläufen und die Befreiung aus Updatezwängen ein. Auf Murks-nein-danke.de können alle verdächtigen Produkte gemeldet werden. Protestiert wird auch auf Change.org, der grössten Petitionsplattform der Welt. 2014 haben 70 Millionen Nutzer in 196 Ländern protestiert. Bisher kann die Plattform primär regionale Erfolge feiern, zum Beispiel die Verhinderung der Schliessung eines botanischen Gartens oder der Abschiebung Schwerkranker in ihr Heimatland. Um ihre Kaufkraft zu bündeln und dadurch vom Anbieter etwas einzufordern, nutzen sie Institutionen wie Carrot Mob. In Bangkok kauften 1300 Carrot Mobber beim selben Händler ein, um zu erreichen, dass dieser keine Plastiksäcke mehr an seine Kunden abgibt.

Gemeinsam halten die Offliner die Institutionen und die Infrastruktur des analogen Lebens aufrecht, um sich weniger von den Digitalisierungstreibern erpressbar zu machen. Entweder tun sie dies durch die Gründung entsprechender Unternehmen oder durch Freiwilligenarbeit. Im Wesentlichen geht es um die Pflege von Institutionen, die im gesellschaftlichen Leben eine grosse Rolle spielen. Im Fokus stehen also Banken, Versicherungen, Medien sowie Anbieter im Bereich der Medizin und Bildung. Vorbild könnten Pop-up-Initiativen wie der Restaurant Day sein, an dem man für einen Tag sein eigenes Restaurant eröffnet. Auf die Offline-Infrastruktur setzt auch Dead Drops. Auf den ersten Blick sind die in den Wänden einbetonierten USB-Sticks nicht mehr als ein Kunstprojekt. Schaut man jedoch näher hin, entpuppen sich die Stecker als Datenspeicher, die ein anonymes und offline funktionierendes File-Sharing-Netzwerk aufspannen. Netzwerke wie Dead Drops gewinnen an Bedeutung, sobald man sich nicht mehr sicher sein kann, wer alles zusieht und zuhört. In einem Szenario totaler digitaler Überwachung wird man vermehrt zum analogen Austausch von Informationen zurückkehren, vor allem wenn diese nicht für alle Augen und Ohren bestimmt sind.

Die Offliner arbeiten schliesslich am Aufbau einer alternativen digitalen Infrastruktur. Mesh-Netzwerke wie Freifunk beruhen auf der Vernetzung unserer Endgeräte. So wird jedes Gerät zu einem Modem, das anderen Zugang zum Internet ermöglicht. Statt von einer zentralen Instanz wird die digitale Infrastruktur von allen Nutzenden gemeinsam angeboten. In einem Mesh-Netz gibt es keine zentrale Verwaltung, die Nutzer bleiben unabhängig. Die Netzwerke funktionieren auch, wenn die zentrale Infrastruktur lahmgelegt wird. Um trotz der Unterbrüche im Mobilfunknetz miteinander zu kommunizieren, nutzten die Demonstranten bei Occupy Hong Kong deshalb Firechat. Die Dezentralisierung erschwert es, den gesamten Datenverkehr abzuhören oder zu zensurieren. Ein solches Netz ist stabiler und wird durch die Nutzer auch an entlegene Orte gebracht. Mit Maidsafe werden Dateien zerstückelt und dann auf zahlreichen Rechnern statt einem verschlüsselt gespeichert. Das macht die Rekonstruktion für Unbefugte unmöglich. Auf das Prinzip der Dezentralisierung setzen auch neue soziale Netzwerke, die auf Datensicherheit, Selbstbestimmung und Entkommerzialisierung setzen. Im Herbst 2014 konnte sich Ello kaum vor neuen Nutzern retten, die in Scharen Facebook verlassen wollten. Ausgelöst wurde die Wechselfreudigkeit durch einen Beschluss, der Transsexuellen mehrere Identitäten verbot.

Die Märkte
und wirtschaftlichen
Systementwürfe

Die Offliner versuchen auch über die Wirtschaft an einer alternativen Zukunft zu arbeiten. Jeder Kaufakt ist ein politisches Statement und verändert die Matrix. Er wirkt der Monopolisierung entgegen und erhöht langfristig die Angebotsvielfalt. Die Erträge der abgesetzten Produkte stärken jene Unternehmen, die den Digitalisierungstreibern Paroli bieten. Im Zentrum der Offliner-Märkte stehen die Bedürfnisse Nachhaltigkeit, Anonymität und digitale Sicherheit sowie die Nebenwirkungen der Digitalisierung. All diese Märkte sind für die Digitalisierungstreiber nicht uninteressant, weil sie durch eine Segmentierung von On- und Offliner unter Umständen sogar ihre Marktanteile erhöhen. Dieser Effekt ist derselbe wie die Integration von Bio-Produkten im Supermarkt. Natürlich treten die Offliner auch selbst als Unternehmer auf. Das ist insbesondere dann der Fall, wenn etablierte Unternehmen ihre Bedürfnisse nicht befriedigen. In der Folge werden einige dieser Märkte exemplarisch vorgestellt.

Durch die Aktivitäten der Datenschnüffler, aber auch wegen des erhöhten Risikos eines Zusammenbruchs der digitalen

Infrastruktur steigt das Bedürfnis, Daten an einem sicheren Ort zu lagern. In stillgelegten Bunkern der Schweizer Armee bauen Anbieter wie Radix Technologies oder Deltalis riesige Serverpärke. Neben natürlichem Schutz bieten diese Verstecke in den Alpen auch nachhaltige und billige Kühlung. Überhaupt gewinnt die Schweiz aufgrund ihrer Neutralität, ihrer politischen und wirtschaftlichen Stabilität sowie der Ungültigkeit von EU- und US-Recht als Datenstandort international an Bedeutung. Die Stabilität und die Sicherheit der Eidgenossenschaft eröffnen Swissness-Märkte in sämtlichen Aspekten der Digitalisierung – für Clouds, digitale Identitäten sowie die Verarbeitung, Lagerung, den Verkauf und die Vermittlung von Datensätzen. Die Eigenschaften der Marke Schweiz sind Gold wert. Das Datengeheimnis ist gerade daran, das Bankgeheimnis als Standortvorteil abzulösen.

Auch bei der Auswahl von Hard- und Software gibt es ein verstärktes Bedürfnis, den Digitalisierungstreibern zu entkommen. Das Blackphone garantiert Privatsphäre. Im Unterschied zu gewöhnlichen Smartphones verfügt es über Funktionen und Erweiterungen, welche die Kommunikation automatisch verschlüsseln. Eine steigende Anzahl von Geräten versucht die Ressourcenverschwendung durch Updatezwänge einzudämmen. Google wird seit längerer Zeit verdächtigt, an einem modularen Smartphone zu arbeiten. Project Ara zerlegt den Minicomputer in Einzelteile, die in Zukunft von unterschiedlichen Herstellern bezogen und vereinfacht wiederverwertet werden könnten. Das Fairphone setzt in der gesamten Wertschöpfungskette auf Nachhaltigkeit – zum Beispiel durch transparente Materialketten, die man im Internet nachschauen kann. «Battere» ist ein Akku-Service, der Unternehmen monatlich mit frisch geladenen Akkus versorgt. Beim Liefern der frischen Akkus werden die leeren von Fahrradkurieren abgeholt, um sie mit Solarenergie wieder aufzuladen.

Überhaupt eröffnet das Recycling zahlreiche neue Märkte. Angesichts des globalen Energie- und Ressourcenhungers ist die Gewinnung von Energien und Rohstoffen aus Abfällen noch erstaunlich wenig fortgeschritten. Elektroschrott enthält eine Vielzahl von Metallen wie Kupfer, Blei, Arsen, Cadmium und Quecksilber. Das sind alles Stoffe, die zugleich selten und für die Produktion neuer Geräte benötigt werden. Diese Rohstoffe gilt es zurückzugewinnen, zumal sich die Produktlebenszyklen der Geräte verkürzen. Paradoxerweise exportieren viele Industrieländer – trotz drohender Knappheiten – ihren rohstoffhaltigen Elektroschrott nach China, Indien und Pakistan. Die Aufbereitung ist giftig und aufwändig. Auf das Prinzip der Wiederverwendung setzt auch der Rebau-Markt der Caritas, wo gebrauchte Bauteile wieder verkauft werden. In Repair-Cafés wird alles repariert, «was durch die Türe passt und nicht explodieren kann». Urban Mining versucht mitten in der Stadt, Abfälle in Energie- und Rohstoffquellen umzuwandeln. Die Zürcher KVA nutzt bereits 39 Prozent der Abfallenergie für die Produktion von Wärme und Strom, will diesen Anteil aber erhöhen. Eng verwandt mit dem Recycling ist das Upcycling, bei dem Abfälle zu etwas Neuem verarbeitet werden: Nespresso-Kapseln zu Lampen, LKW-Planen zu Taschen, Bierharassen zu Nachttischen.

Neue Märkte formieren sich ebenfalls, wenn sich die Offliner von den Folgen der Digitalisierung befreien wollen. Offline-Hotels reagieren auf das steigende Bedürfnis nach Nichterreichbarkeit. Die Gäste wünschen sich technologiefreie Ferien, in denen sie sich von den Tücken und Belastungen der digitalen Welt erholen können. Hier setzen auch Ferienlager an, in denen man sich digital entgiftet. Im Digital Detox Camp geben die Bewohner in den kanadischen Wäldern zu Beginn der Entgiftung sämtliche Geräte ab. Durch Offline-Aktivitäten wie Stricken, Sternegucken, Backen oder Origami sollen sich die Bewohner wieder wie Kinder fühlen. Individualität, Selbstexpression, Freundschaft, Freiheit und Erinnerungen stehen im Vordergrund. Auf digitale Entgiftung zielen auch neue Institutionen an der Grenze zwischen Wellness, Rehabilitation, Luxushotel und psychiatrischer Klinik ab. Ecoloca schützt vor den Nebenwirkungen der Digitalisierung. Angeboten werden Gebäudeschirme, Bettwäsche und Pyjamas, welche die elektromagnetische Strahlung fernhalten.

Langfristig geht es nicht nur um Offliner-gerechte Produkte, sondern um das Design eines Wirtschaftssystems, das mit den Erwartungen der Offliner kompatibel ist. Da die Matrix letztlich ein ökonomisches System ist, besteht hier für die Offliner die grösste Hebelwirkung. Zentrale Elemente eines Wirtschaftssystems sind neben den getauschten Gütern die Organisation und Entlöhnung der Arbeit, die Anreize wirtschaftlicher Aktivitäten sowie die Gewinnverteilung. Die am meisten thematisierte Alternative zum Kapitalismus ist gegenwärtig die Sharing-Economy. Sie setzt auf Teilen statt Besitzen, Selbermachen statt Kaufen, Dezentralisieren statt Zentralisieren. Sharing-Economy und Kapitalismus schliessen sich nicht zwangsläufig aus. Einleuchtender scheint eine gegenseitige Ergänzung, einerseits in Bezug auf die Marktgüter, andererseits in Bezug auf die Marktteilnehmer. Allerdings sind die Folgen der Sharing-Economy nicht unumstritten. Kritiker verweisen auf die Deregulierung geschützter Märkte. So würden bei der Hotelalternative Airbnb die Steuern nicht entrichtet, beim Taxianbieter Uber fehlen Versicherungen. Die neuen Wettbewerber setzen nicht nur die Preise unter Druck, sie kommerzialisieren auch das Soziale. Statt bei Freunden zu übernachten, bezahlt man Fremde für ein leeres Bett. Trotzdem unterscheidet sich die Sharing-Economy vom klassischen Kapitalismus, weil Ressourcen durch das Teilen effizienter genutzt werden oder eben auf Konsum und Besitz verzichtet wird.

Sie eignet sich besonders für Güter, die man nicht täglich braucht, aber einen hohen materiellen und finanziellen Investitionswert haben. Dazu gehören Autos, Ferienhäuser und Rasenmäher. Eine typische Anwendung der Sharing-Economy ist Own Mutually. Dort kaufen Konsumenten gemeinsam ein und teilen sich die Kosten für ein Computerprogramm oder ein Fussball-Saison-Abo. Bei Carsharing-Anbietern wie Mobility werden Autos von Fahrgemeinschaften gemeinsam genutzt. Bei Couchsurfing wird nicht genutzter Wohnraum vermietet (oder geschenkt), bei Key of Office oder allgemein im Co-Working wird das Konzept auf den Arbeitsraum ausgedehnt. Umgangen wird der Markt auch bei vielen digitalen Gütern, die von den Kunden nicht mehr gekauft, sondern über Streamingdienste geliehen werden. Auch bei Produkten, die man nicht sofort mit der Sharing-Economy in Verbindung bringt, tut sich was. So gibt es Versicherungen, bei denen sich die Gruppenmitglieder die Überversicherung im Nichtschadenfall teilen, oder Crowds, welche die Anlageberaterinnen einer Bank ersetzen. Auf Zopa leihen sich 50 000 Nutzer direkt Geld, ohne dass irgendeine Bank beteiligt wäre. Wer sein Geld verleiht, erhält eine garantierte Rendite von fünf Prozent. Diese Beispiele zeigen, wie die Sharing-Economy in Zukunft zentralisierende Instanzen wie Banken, Versicherungen und Krankenkassen überflüssig machen oder zumindest bedrängen könnte.

Das könnte auch für staatliche Interventionen gelten. In Italien wurde 2013 die erste soziale Strasse eröffnet. Sie macht die Anwohner untereinander bekannt und fördert das gegenseitige Aushelfen. In den letzten Jahren sind in Italien über 300 solcher Strassen entstanden. Dieses Beispiel zeigt, wie die Sharing-Economy durchaus von der Digitalisierung Gebrauch macht. Die sozialen Strassen sind auch deshalb erfolgreich, weil die geschlossenen Gruppen auf Facebook Angebote und Bedürfnisse transparent machen. Noch weiter als das Teilen und Helfen geht der Konsumverzicht. Er schont nicht nur die Umwelt, sondern hilft Alternativen jenseits des Konsums zu erkennen, um seine Bedürfnisse zu befriedigen, glücklich zu sein und mit anderen Menschen in Kontakt zu treten. Die Offliner stellen Konfitüren, Kleider und Möbel selbst her oder besuchen Brockenstuben und Online-Auktionen, um nicht alles neu kaufen zu müssen. Sie organisieren Reparaturbörsen oder zeigen mit Stickern auf dem Briefkasten, welche Alltagsgegenstände sie verleihen. Der Kauf-Nix-Tag ruft zum Verzicht auf und wird begleitet von Culture-Jamming-Aktionen, mit denen Werbung und Orte des Konsums umgedeutet werden. Bei Whirl Marts schieben Aktivisten gemütlich leere Einkaufswagen durch die hektischen Supermärkte.

Eine neue Art des Wirtschaftens erfordert langfristig die Etablierung alternativer Währungen. Solange die Matrix auf die Maximierung der Währung Geld abzielt, wird sich deren Logik nicht radikal verändern. Für alternative Matrizen braucht es Währungen, die Anreize jenseits der Gewinnmaximierung setzen. In Japan wurde 1995 nach dem Erdbeben in Kobe die Währung Fureai Kippu eingeführt. Durch die Unterstützung von älteren Menschen verdient man sich Fureai Kippu, mit denen man dann selbst im Alter unterstützende Dienstleistungen beziehen kann. Als Anreiz dienen die nichtmonetäre Vorsorge sowie die Wertschätzung sozialer Arbeit. Komplementäre Währungen sind keiner Spekulation ausgesetzt und können nicht verzinst werden. Bei alternativen Währungen fehlt die Polarisierung von Einkommen und Vermögen, weil jede Transaktion auf einer realen Handlung beruht. Die Referenz auf reale Handlungen stärkt die Interaktion zwischen den Mitgliedern einer Gemeinschaft. Zeitbanken, auf denen man Leistungen tauscht, erleben durch das Internet einen Popularitätsschub. Durch Plattformen wie Comunitats ist es viel einfacher geworden, die Fähigkeiten transparent zu machen, die man tauschen möchte.

Ein anderes Beispiel für alternative Währungen ist Regionalgeld. Weil es nur in einem beschränkten Umkreis gültig ist, zwingt es die Konsumenten, regionale Produkte zu kaufen und dadurch die lokale Wirtschaft zu unterstützen. Dieser Effekt kann durch ein Ablaufdatum und die Unmöglichkeit des Umtauschs in eine andere Währung unterstützt werden. Auch in der Schweiz gibt es solche alternative Währungen. Am bekanntesten ist der zinslose virtuelle WIR der gleichnamigen Genossenschaft. Nach Basel führt man nun in Bern eine alternative Währung ein. Im Umfeld der Reitschule wird momentan an der Einführung des Bonobos gearbeitet. Angeschlossene Restaurants, Bars und Druckereien akzeptieren das alternative Geld, um es dann wieder bei vernetzten Unternehmen auszugeben. Eine ganz andere Währung ist unsere Reputation. Sie spiegelt sich heute am ehesten in der Anzahl Freunde auf Facebook, den Likes auf Instagram oder den Retweets auf Twitter. Scores wie Klout versuchen aus all diesen Zahlen unsere Reputation zu berechnen. Allerdings wird hier nicht wirklich Wertschätzung zum Ausdruck gebracht. Das ist dann schon eher bei Plattformen wie Jacando der Fall, wo die Leistung von engagierten Umzugshelfern oder Katzenhütern bewertet wird. Im Unterschied zu Jacando ist bei Reddit kein Geld im Spiel. Nutzer unterstützen sich gegenseitig, um zu lernen, Feedback zu erhalten oder einfach anderen zu helfen. Wer aktiv etwas zur Gemeinschaft beiträgt, steigert sein Link- und Kommentar-Karma.

Nun stellt sich die Frage, ob die Initiativen langfristig eine alternative Matrix hervorbringen. Diese könnte zum einen im Sinne einer Graswurzel-Bewegung bottom up entstehen. Die vorgestellten Initiativen würden immer mehr Menschen anziehen, neue Institutionen hervorbringen und irgendwann zu einem System mit eigener Regierung und Währung zusammenwachsen. Oder aber eine mächtige Fraktion der Offliner könnte – mit Macht und Ressourcen ausgerüstet –, top down eine Systemalternative durchsetzen. Genauso könnte ein Treiber der bisherigen Matrix zum weissen Fürst agieren und gegen die bösen Digitalisierungstreiber rebellieren. Der weisse Fürst würde sich von seinen ursprünglichen Zielen abwenden und sich ganz auf die Anliegen der Offliner konzentrieren. Beim Aufbau der weissen Matrix spielen reziproke Transparenz, Entscheidungsfreiheit, digitale Diversität, soziale Integration und multipolare Machtverhältnisse eine zentrale Rolle. Das setzt möglicherweise den Verzicht auf die Konstruktion eines alles umfassenden Systems – und stattdessen das Bekenntnis zu einem losen Verbund frei kombinierbarer Matrizen voraus. Die Top-down-Variante wird wahrscheinlicher, wenn sich ein mächtiger Akteur von den schwarzen Digitalisierungstreibern unter Druck gesetzt fühlt und genügend Potenzial für den Aufbau einer alternativen Matrix erkennt. Würde die weisse Alternative jedoch Anspruch auf ein totales Design erheben, wäre sie nicht mehr als eine zweite schwarze Matrix.

Wie werden Onliner und Offliner zusammen leben?

DIE KNAPPHEITEN
EINER DIGITALEN GESELLSCHAFT

Digitalisierung
als soziale Struktur

	PESSIMISTEN weniger Digitalisierung	OPTIMISTEN mehr Digitalisierung
GEWINNER Status durch Digitali- sierung verbessert	Skeptiker der Digitalisierung	Treiber der Digitalisierung
VERLIERER Status durch Digitali- sierung verschlechtert	Opfer der Digitalisierung	Mitläufer der Digitalisierung

Digitalisierung als Struktur der Gesellschaft

Für die Struktur der künftigen Gesellschaft ist die Digitalisierung doppelt relevant. Rückblickend schafft sie Gewinnerinnen und Verliererinnen, in der Antizipation der Zukunft trennt sie Optimisten von Pessimisten. Während die Gewinner durch das Internet ihre soziale und ökonomische Stellung verbessern konnten, hat sich die Situation der Verlierer verschlechtert. Die Vorzüge des Internets vor Augen, wünschen sich die Optimisten eine noch stärkere Digitalisierung. Umgekehrt halten die Pessimisten aufgrund der Risiken und Nebenwirkungen eine abnehmende oder zumindest eine verlangsamte Digitalisierung für erstrebenswert. Die aus dieser doppelten Strukturierung entstehende Vierteilung lässt sich auf Individuen, Unternehmen und Staaten anwenden.

Die in diesem Buch bereits angetroffenen Digitalisierungstreiber forcieren die Verlagerung des Lebens in den digitalen Raum gemäss den angesprochenen Argumenten im letzten Teil. Wie bei der Kolonialisierung des realen Raums geht es neben der Zivilisierung um die Erschliessung künftiger wirtschaftlicher Potenziale. Die Treiber befehlen, die Mitläufer gehorchen. Sie kaufen die Produkte der Digitalisierungstreiber, arbeiten in deren Konzernen, stellen die nötigen Rohstoffe zur Verfügung und unterstützen deren militärische Allianzen. Als Gegenleistung hoffen sie, einst ebenfalls in den Rang des Digitalisierungstreibers aufzusteigen, und bis es so weit ist, an deren Innovationen und Renditen beteiligt zu werden. Ihre Position verbessern sie nur durch radikale Innovationen. Den Mitläufern fehlen jedoch häufig Know-how und Infrastruktur. Dazu kommt, dass sich die Digitalisierungstreiber die neuen Ideen sofort vertraglich, ökonomisch oder notfalls mit Gewalt sichern.

Es sind die Skeptiker und Opfer, welche die Agenda der Offliner bestimmen. Dazu gehören die Argumente gegen die weitere Digitalisierung genauso wie die Strategien, um sich gegen die Treiber zu wehren und am Design der Zukunft mitzuwirken. Als Gewinner der Digitalisierung sind die Skeptiker bestens mit der Logik der digitalen Gesellschaft vertraut. Sie kennen nicht nur deren Vor- und Nachteile, sondern auch die Argumente, Netzwerke und Waffen der Digitalisierungstreiber. Das macht die Skeptiker für die Herrschenden gefährlich, kennen sie doch deren wunde Punkte und die Schwachstellen der Matrix. Die Skeptiker verbessern ihre Position, wenn es ihnen gelingt, die Nebenwirkungen und Schattenseiten der Matrix zu einem politischen Thema zu machen, die Konsumenten zu sensibilisieren und in der Öffentlichkeit die dazugehörigen Diskurse in Gang zu bringen.

Die Opfer der Digitalisierung haben dagegen weder die Netzwerke noch die digitalen Hilfsmittel, noch die nötigen Fähigkeiten oder das aktuelle Wissen, um sich in den Prozess der Digitalisierung einzubringen. Sie fühlen, dass sie keine Rolle spielen und ihre Meinung kaum Gewicht hat. Das macht die Opfer irrational, destruktiv und gefährlich. Es ist ein chaotischer, diffuser Widerstand, der auf Destabilisierung abzielt. Je weniger sie zu verlieren haben, desto radikaler wird der Widerstand, desto verführerischer wird es, mit Gewalt zu schockieren und einen Kollaps der Matrix zu provozieren. Die Opfer profitieren am meisten, wenn die selbstverständlichen Annahmen und Fortschrittspläne der Digitalisierungstreiber in die Kritik geraten. Da sie für sich keine positive Zukunft in der digitalen Welt sehen, spielt es auch keine Rolle, wenn diese völlig im Chaos versinkt. Im Gegenteil, das Chaos bietet die Chance auf eine Redefinition von Werten, Prioritäten und Machtpositionen.

Das Verhältnis von Skeptikern und Opfern beeinflusst die künftige Organisationsform der Offliner. Je mehr Skeptiker die Bewegung vereint, desto dialogorientierter wird der Widerstand. Die Skeptiker sind versucht, die Differenzen mit den Digitalisierungstreibern konstruktiv aus der Welt zu schaffen. Sie setzen auf neue Märkte und politischen Diskurs. Ein hoher Anteil an Opfern stärkt dagegen die Gewaltorientierung des Widerstands. Besonders kritisch wird die Lage gemäss Demographen dort, wo es wie in Afghanistan, Pakistan, Saudi-Arabien, Jemen oder Somalia viele arbeitslose junge Männer und dazu ein marodes Bildungssystem, unreife Demokratien und Wirtschaften gibt. Hier steigt erfahrungsgemäss das Gewaltpotenzial und die Anfälligkeit für zerstörerische Propaganda. Im Kontext dieses Buches ist zudem eine schlechte digitale Infrastruktur als kritischer Faktor zu betrachten. Entwicklungshilfe sollte in Zukunft also vermehrt dazu dienen, arme Länder ans Netz anzuschliessen und die dafür nötigen Kompetenzen zu schulen.

Ebenso wichtig für die Zukunft der digitalen Gesellschaft wie das Verhältnis von Gestaltern, Mitläufern, Skeptikern und Opfern sind die zukünftigen Knappheiten. Die Geschichte der Menschheit kann als Geschichte ihrer Knappheiten gelesen werden. Je nachdem, welche Güter in einer Gesellschaft rar werden beziehungsweise als knapp definiert werden, sind andere Menschen, Regionen und Nationen reich, braucht es andere politische Interventionen und Investitionen, um die Gesellschaft im Gleichgewicht zu halten, gibt es andere Anlässe für kriegerische Auseinandersetzungen. Die Knappheiten beeinflussen die öffentliche Wahrnehmung, die politische Auseinandersetzung, die geopolitischen Spannungen, die wissenschaftlichen Forschungsprozesse und damit auch die Innovationsbemühungen der Wirtschaft. Denken Gemeinschaften oder auch Konzerne langfristig, richten sie ihre Strategien an den Engpässen des digitalen Zeitalters aus. In demokratischen Regierungen definiert das Volk diese Knappheiten, in autoritären dagegen eine kleine Elite.

Materielle Knappheiten sind physischer Natur und stehen im direkten Zusammenhang zur Digitalisierung. Misslingt es, diese zu beheben, gerät die Digitalisierung ins Stocken, weil dann die für den digitalen Fortschritt nötigen Ressourcen fehlen. Die immateriellen Knappheiten sind dagegen geistiger, emotionaler und politischer Natur. Sie folgen aus einem unausgewogenen Digitalisierungsdesign, bei dem die sozialen, ökologischen und ökonomischen Folgen der Digitalisierung ausser Acht gelassen werden. Im Unterschied zu den materiellen Knappheiten sind sie der Digitalisierung nicht vor-, sondern nachgelagert.

Materielle
Knappheiten

Digitale Rohstoffe: Die Fortsetzung der Digitalisierung setzt den natürlichen Rohstoffen zu. Diese sind sowohl für den Ausbau der Infrastruktur als auch die Herstellung der Geräte nötig. Da die Updatezwänge aufrechterhalten bleiben, weitere Geräte dazukommen und eine neue globale Mittelschicht Zugang zum Digitalen haben will, verstärkt sich der Bedarf. Es drohen Engpässe für Yttrium, Helium, Gallium, Germanium, Arsen, Indium, Tellur, Hafnium, Kobalt, Wofram, Lithium und Selen. Auch Metalle wie Kupfer, Zink, Nickel, Gold und Silber werden knapp.

Energie: Eine digitale Gesellschaft hat einen hohen Energiebedarf. Um den Bedarf zu decken, sucht man in der Tiefe der Meere, an der Arktis und Antarktis sowie auf Kometen, Asteroiden, Planeten und deren Monden nach neuen Quellen. Allerdings ist deren Abbau ökologisch und geopolitisch heikel. Deshalb kehrt man zu bekannten Quellen (Kohle) zurück oder gewinnt diese auf neue Art (Fracking) – ohne Rücksicht auf langfristige Folgeschäden. Alternativ versucht man, natürliche Energiequellen zu fördern, die Energieeffienz zu erhöhen oder die Produktion der Energie durch Smartgrids zu dezentralisieren.

Phosphor: Auch in der digitalen Zukunft ernähren wir uns bis auf Weiteres mit natürlichen Lebensmitteln aus dem Boden. Phosphor ist einer der fünf überlebenswichtigen Nährstoffe von Pflanzen – und deshalb ein zentraler Bestandteil von Düngemitteln. Obwohl es ohne Phosphor kein Leben gibt, ist diese Knappheit in der Öffentlichkeit kaum thematisiert. Der Bedarf steigt sowohl durch konkurrenzierenden Phosphorbedarf, zum Beispiel in der Produktion von Elektroautos, als auch infolge der nach wie vor wachsenden Weltbevölkerung. Besonders heikel daran: Es gibt keinen chemischen Ersatz.

Sand: Sand ist neben Kies und Wasser der meistgebrauchte Rohstoff der Welt. Er wird in der Architektur wie auch für die Herstellung von Glas, Strassen und Traumstränden benötigt. Man sagt zwar, dass etwas wie Sand am Meer vorhanden sei. Doch für den Sand selbst gilt das Gegenteil: Die Strände schrumpfen genauso wie die Gletscher. Sand wird durch den erhöhten Meeresspiegel ebenso knapp wie durch die Eingriffe des Menschen in die Natur. Küsten können sich nicht mehr als Ganzes verschieben, dadurch verteilt sich der Sand und kann nicht mehr kompakt gewonnen werden. Sandwüsten können den Bedarf nicht decken, weil die Körner die falsche Konsistenz aufweisen.

Wasser: Wasser brauchen wir nicht nur zum Trinken, sondern auch für die Nahrungsmittelproduktion und die Hygiene. Im Kontext einer digitalen Gesellschaft ist die Bedeutung von Wasser für die Energiegewinnung oder die Kühlung hervorzuheben. Die Knappheit verstärkt sich durch das Bevölkerungswachstum, den steigenden Fleischkonsum, aber auch durch die menschliche Verschmutzung und die Umleitung von Wasserströmen. Es kommt zu Konflikten zwischen bevölkerten Städten und der ländlichen Lebensmittelproduktion. Wird Seen oder dem Grundwasser zu viel Wasser entzogen, versiegen die Quellen.

Weltraum: Das Ersetzen oder Abschiessen von Satelliten verunreinigt das All ebenso wie die Zusammenstösse von verwahrlosten Objekten. Dieser Schrott wiederum erhöht die Wahrscheinlichkeit von Zusammenstössen. Aufgrund der hohen Kosten fehlen Anreize, um das All zu reinigen. Je unsauberer es wird, desto schwieriger wird die Platzierung von neuen Satelliten. Diese sind in der heutigen Kommunikationstechnologie unersetzlich. Der Weltraum wird zudem knapp, weil künftige Kriege im All stattfinden. Im Umkreis der Erde werden immer mehr elektromagnetische und Laser-Waffen stationiert. Die Entführung oder der Abschuss eines Satelliten unterbricht die digitale Kommunikation.

Räume: Auch auf der Erde wird der Raum knapp. Der Bedarf an Rohstoffen, Energie und Nahrungsmitteln, aber auch von Sand, Wasser und Phosphat erhöht die Gefahr von territorialen Konflikten. Sind die Rohstoffe nicht mehr garantiert, drohen die digitale Gesellschaft und ihre Wirtschaft wie ein Kartenhaus zusammenzufallen. Die Suche nach Rohstoffen in der Tiefe der See, der Arktis, der Antarktis und dem All provoziert neue geopolitische Spannungen und ökologische Gefahren. Das Konfliktpotenzial um die Räume verschärft sich durch die Demographie. Während digitale Gesellschaften schrumpfen, wachsen die unterdigitalisierten. In der Hoffnung auf mehr Wohlstand drängen sie in die Gebiete der Digitalisierungstreiber.

Transportwege: Eine digitale Gesellschaft basiert auf einem weltumspannenden Transportsystem von Menschen, Gütern und Informationen. Je digitaler die Welt, desto intensiver werden die Netze genutzt, und desto mehr kommt es zur Konvergenz von Menschen-, Güter- und Informationsflüssen. Je intensiver deren Nutzung, desto ausgeprägter der empfundene Dichtestress, desto grösser die Gefahr von Unfällen und Pannen, die das ganze System lahmlegen. Wichtige Transportwege für Informationen,

Menschen und Rohstoffe werden besetzt und künstlich knapp gemacht, um deren Nutzer zu erpressen oder zumindest zur Kasse zu bitten. Überflüge, Flüsse und Pipelines werden politisiert. Auch digitale Leitungen geraten durch die wachsenden Datenmengen an Kapazitätsgrenzen.

Gesundheit: Je weiter die Medizin fortschreitet und je mehr wir unsere körperliche Verfassung mit Daten messen, desto mehr körperliche Defizite lassen sich definieren. Aufgrund des demographischen Wandels gibt es mehr ältere Menschen, die statistisch häufiger und schwerer krank werden. Die intensive Nutzung der Räume erleichtert es Krankheiten, sich zu verbreiten. Je mobiler die Welt, desto schneller übertragen sich Erreger. Globale Epidemien – und damit die Abschottung ganzer Kontinente – werden wahrscheinlich. Genauso fördert die globale Vernetzung die Verbreitung von digitalen Krankheiten. Viren, Trojaner oder Spionageprogramme breiten sich innert Minuten aus. Digitale Epidemien drohen ganze Länder oder Branchen lahmzulegen.

Recyclingfähigkeit: Die Energie-, Wasser- und Rohstoffknappheiten sind auch ein Zeugnis einer wenig fortgeschrittenen Recyclingkompetenz. Die heutige Wegwerfgesellschaft verhält sich immer noch so, als wären alle Ressourcen unendlich vorhanden und deren Abbau ohne Konsequenzen. In Zukunft bleibt uns aufgrund der begrenzten Ressourcen nichts anderes übrig, als weniger Abfall zu produzieren und die Stoffkreisläufe zu schliessen. Eine digitale Gesellschaft kann es sich nicht leisten, ihre Rohstoffe nur einmal zu verwenden, sie muss diese mehrfach nutzen. Urban Mining und Landfill Mining wandeln Abfalldeponien in Rohstoffminen um. Eng verbunden mit der Recylingfähigkeit ist die effizientere Verteilung und Nutzung von Wasser und Energie.

Immaterielle
Knappheiten

Arbeit: Die Maschinen bedrohen immer mehr Arbeitsplätze. Besonders unter Druck gerät die repetitive Arbeit, egal ob diese hohe oder niedrige Ansprüche stellt. Wer eine seltene kognitive, emotionale, handwerkliche oder künstlerische Kompetenz hat oder sich flexibel dem Diktat des Arbeitsmarkts für unqualifizierte Arbeit fügt, wird auch in Zukunft Arbeit haben. Heikel wird es bei Jobs mit mittlerem Anspruchsniveau, zum Beispiel bei Sachbearbeiterinnen. Die Verflachung der Hierarchien führt zu einem geringeren Bedarf an Führungskräften. Je weniger Arbeit es gibt, desto mehr stellt sich die Frage nach deren Verteilung. Durch Teilzeitstellen könnten mehr Menschen in den Arbeitsmarkt integriert werden.

Eigentum: Die Digitalisierung macht es schwierig, Wissensvorteile zu halten und kulturelle Erzeugnisse zu schützen. Kaum ist ein Film produziert, ein Buch geschrieben oder ein neues Album aufgenommen, findet man es gratis im Internet. Je schlechter das immaterielle Vermögen geschützt ist, desto fraglicher, ob digitales Eigentum überhaupt nötig ist. Während Patente auf der Ebene eines Unternehmens Sinn machen, schwächen sie durch

Intransparenz die Innovation auf gesellschaftlicher Ebene. Je weniger das Immaterielle geschützt werden kann, desto aggressiver wird der Kampf um materielle Güter. Diese lassen sich ökonomisch und militärisch besser schützen.

Wahrheit: Die digitale Transparenz macht die Welt intransparent. Für jede Position findet sich eine Expertin, für jede Tatsache ein Datensatz. Wahrheit ist eine Frage der Definition geworden. Definieren kann, wer mächtig ist. Doch je mächtiger eine definierende Macht ist, desto mehr Kritik sieht sie sich ausgesetzt. Im Netz findet ein permanenter Informationskrieg statt. Niemand weiss, was wirklich stimmt. Aus der Unmöglichkeit der Wahrheitsfindung resultiert eine permanente Instabilität. Sie wird durch die Säkularisierung und das damit einhergehende metaphysische Vakuum verstärkt. Der Mangel an Wahrheiten spiegelt sich in der Abwesenheit von Zukunftsgewissheit. Diese würde Zuversicht, Orientierung, Sicherheit und gesellschaftlichen Zusammenhalt verleihen.

Soziale Mobilität: Die auf unseren Daten basierende Wirtschaft versorgt uns mit individualisierten Informationen, Konsumangeboten und Preisen. Das bedeutet auch, dass wir in unserer Klasse bleiben, wenn wir verreisen, arbeiten, konsumieren, ausgehen, flirten. Wir bleiben stets in unserer sozialen Klasse, der Kontakt mit Menschen aus anderen Schichten nimmt ab. Die Digitalisierungstreiber fördern diese Separierung, weil sie den Einblick in andere Wohlstandsniveaus verhindern und innerhalb jeder Klasse möglichst hohe Preise setzen wollen. In Kombination mit einem klassenverstärkenden Bildungssystem werden die sozialen Aufstiegschancen eingeschränkt.

Privatsphäre: Das Internet macht das Private öffentlich. Wir sind freiwillig bereit, intime Fotos zu posten und persönliche Gedanken zu teilen. Laptops, Tablets, Smartphones, Drohnen und

Überwachungskameras dokumentieren, was wir wo tun. Wir sind in keiner Situation unbeobachtet, weil wir nicht mehr ohne digitales Gerät aus dem Haus gehen. Jeder Klick wird von unzähligen Algorithmen beobachtet und aufgezeichnet. Auch die Smartphones und E-Mail-Konten unserer Freunde zeichnen Daten über uns auf. Chips in und an unserem Körper sowie die Verbreitung von Sensoren engen die Privatsphäre zusätzlich ein.

Stille: Je mehr Maschinen uns umgeben und je mehr digitale Geräte wir mit uns tragen, desto weniger Stille gibt es in unserem Leben. Die Ansammlung von Menschen und Maschinen lässt den Lärmpegel steigen. Autos, Musik, Lautsprecherdurchsagen, Alarmzeichen begleiten uns auf Schritt und Tritt. Die Urbanisierung verstärkt diese Entwicklung. Je dichter die Menschen zusammenleben, desto grösser der Lärm. Dieser Lärm stresst und kann krank machen. Je mehr wir vom Digitalen abgelenkt sind und in das ökonomische System der Digitalisierungstreiber eingespannt sind, desto mehr wird guter Schlaf zum Luxus und Statussymbol.

Gemeinschaft: Je individualistischer und digitaler eine Gesellschaft wird, desto mehr verflüssigt sie sich. Gemeinschaft wird zu einem seltenen Gut, weil das Individuum zu grösseren Gruppen weniger loyal ist und die digitale Kommunikation die physische Präsenz häufig überflüssig macht. Neoliberalismus und Säkularisierung verstärken das Prinzip der Selbstverantwortung. Wer auf die Hilfe der Gemeinschaft angewiesen ist, gilt als Versager. Viele Menschen fühlen sich einsam. Entweder sie sind überindividualisiert und erkennen keine Gemeinsamkeiten mehr. Oder aber sie verfügen nicht über die Mittel, Fähigkeiten und Eigenschaften, um den Anschluss an die digitale Gesellschaft herzustellen.

Zufall: Je mehr Algorithmen unser Leben bestimmen, desto seltener wird der Zufall. Überraschende Begegnungen mit fremden Menschen werden ebenso selten wie überraschende

Einsichten und Entdeckungen. Wir glauben die vollständige Informations- und Unterhaltungsfreiheit zu haben. Tatsächlich bestimmen die Digitalisierungstreiber, wer wir sind, was wir fühlen und denken. Sie bestimmen die Auswahl der Artikel in unserer digitalen Zeitung, die Vorschläge in der Flirtapp, die Inhalte unserer Timeline auf Facebook. Dadurch installieren sie eine Art digitales Schicksal, bei dem unser Lebensweg durch jeden Klick mehr zu einer sich selbst erfüllenden Prophezeiung wird.

Geschichte: Wenn wir unsere Geschichte nur noch digital aufzeichnen, wird die Vergangenheit formbar. Heikle und unpassende Ereignisse werden umgeschrieben oder falls nötig gelöscht. Auch wir selbst greifen in unsere Geschichtsschreibung ein, indem wir unsere digitale Präsenz regelmässig redesignen. Wir entfernen schlechte Fotos auf Facebook ebenso wie Instagramme, die niemandem gefallen. Bei Bedarf rücken Staaten und Konzerne ihre Geschichte in ein anderes Licht oder schreiben sie gar mit falschen Fakten um. Die Geschichte ist auch deshalb gefährdet, weil die digitalen Speicher weniger robust als ihre Vorgänger sind.

Gnade: Je mehr sich der Markt als Organisationsprinzip durchsetzt, je mehr Verantwortung an das Individuum delegiert wird und je mehr wir in einer säkularen Gesellschaft leben, desto weniger Gnade gibt es. Es fehlt eine Instanz, an die wir die Schuld für unser Misslingen oder unsere Krisen delegieren können. Das Selbst ist ganz alleine für seinen Erfolg und seinen Misserfolg verantwortlich. Gleichzeitig sehen wir uns versucht, andere für ihren Misserfolg verantwortlich zu machen. Wer den Anschluss an die digitale Gesellschaft verpasst, ist selbst schuld. In einer Gesellschaft ohne Gnade gibt es weniger Solidarität für die Schwachen und Verlierer.

Die Digitalisierungstreiber fokussieren sich auf die materiellen Knappheiten, weil sonst die Digitalisierung langfristig zum

Stillstand kommen würde. Vor dem Stillstand verlangsamt sie sich oder erreicht nur noch jene Gemeinschaften, die Zugang zu den entsprechenden Rohstoffen und Energien haben. Aus der ungleichen Machtverteilung verstärken sich die Unterschiede in Bezug auf Digitalisierungsreife und -geschwindigkeit. Anders ausgedrückt: Die Teilhabe an der digitalen Gesellschaft ist sehr ungleich verteilt. Die Angst um die harten Knappheiten der Zukunft erklärt die Rückkehr geopolitischer Konflikte. Keine Nation kann sämtliche materiellen Knappheiten alleine bewältigen, und nicht alle Konzerne und Nationen werden sich die fehlenden Ressourcen über etablierte wirtschaftliche und politische Wege besorgen. Stattdessen führen sie Kriege, um sich Zugang zu den Ressourcen zu verschaffen und Konkurrenten ökonomisch, wissenschaftlich und technologisch zu schwächen. Jene Digitalisierungstreiber, die keine Kriege führen wollen, konzentrieren sich auf die Bewältigung der materiellen Knappheiten durch Humankapital und Recyclingkompetenz oder die Entwicklung von Software.

Eine Fortsetzung der Digitalisierung ist für die Offliner nur dann legitim, wenn auch die immateriellen Knappheiten angegangen werden. Für die Skeptiker stehen diese im Vordergrund, weil sie über die Möglichkeit eines selbstbestimmten, freien Lebens entscheiden. Verstärken sie sich, werden Menschen aus der Gesellschaft gedrängt, Unzufriedenheit und Unsicherheit nehmen genauso zu wie die Polarisierung von Vermögen und Einkommen. Nur Reiche können sich die Überwindung der immateriellen Knappheiten leisten. Das ist auch für die Befürworter einer weitergehenden Digitalisierung und insbesondere deren Treiber gefährlich. Denn die Verbreitung immaterieller Knappheiten droht eine Gesellschaft durch eine Zunahme des Pessimismus zu destabilisieren. Das verunsichert die Märkte und schmälert letztlich die Gewinne. Das Auflehnen gegen die Digitalisierung widerstrebt den Digitalisierungstreibern, weil sie ihre Pläne nicht mehr ohne Widerstand durchsetzen können. Die Kritik provoziert entweder ein Eintreten auf die immateriellen Knappheiten oder umgekehrt ein noch rigideres Regime der Treiber, weil sie um jeden Preis materielle Knappheiten verhindern wollen.

DIE SZENARIEN
DES ZUSAMMENLEBENS VON
ONLINERN UND OFFLINERN

Merkmale der vier Szenarien

	Integration der Offliner	Isolation der Offliner
Keine Einigung der Offliner	MONOKULTUR Lösung durch Anpassung	TERROR Lösung durch Gewalt
Einigung der Offliner	GEGENBEWEGUNG Lösung durch Dialog	ZWEITEILUNG Lösung durch Flucht

Vier Szenarien einer digitalen Zukunft

Vier Szenarien des Zusammenlebens von On- und Offlinern sollen nun näher betrachtet werden. Für deren Skizzierung sind zwei Faktoren besonders wichtig: die geteilten Zukunftsvisionen von On- und Offlinern sowie der innere Zusammenhalt der Offliner. Geteilte Zukunftsvisionen implizieren eine gemeinsame Identität, die eine Gesellschaft im Inneren zusammenhält. In der Argumentationslinie dieses Buches besteht ein wesentlicher Anteil dieser Identität aus der Haltung zur Digitalisierung. Konkretisiert wird diese im Entscheid, welche der oben beschriebenen Knappheiten man behebt und welche man allenfalls in Kauf nimmt. Überwiegen die integrativen Kräfte, spannen Onliner und

Offliner zusammen, um die drohenden Engpässe gemeinsam zu bewältigen, wobei die Bewältigung von materiellen und immateriellen Knappheiten in einem ausgeglichenen Verhältnis steht. Die Qualität der Integration der Offliner in die Gesellschaft hängt vom Verhältnis von Gestaltern, Mitläufern, Skeptikern und Opfern ab. Das integrative Moment geht verloren, wenn eine kritische Masse der Offliner die Hoffnung auf eine bessere Zukunft verliert. Dann beginnen die Opfer der Digitalisierung zu rebellieren und die Matrix zu sabotieren. Opfer müssen nicht zwangsläufig Individuen sein, es können auch religiöse Gemeinschaften, Staaten oder nicht erfolgreiche Konzerne sein, die das System destabilisieren. Eine Isolation der Offliner wird ebenso wahrscheinlich, wenn die Skeptiker die Hoffnung auf eine alternative Zukunft verlieren. Es handelt sich dann um einen quasi freiwilligen Rückzug aus der Gesellschaft, weil man nicht mehr an eine Veränderung der Matrix im Sinne von multipolaren Machtverhältnissen, Entscheidungsfreiheit, reziproker Transparenz, digitaler Diversität und sozialer Integration glaubt.

Die Zukunft wird schliesslich durch den inneren Zusammenhalt der Offliner beeinflusst. Ob sich die Offliner einigen, hängt von der Überwindung der internen Differenzen in Bezug auf das Wirtschaftssystem, die Haltung zum Fortschritt, zu den ordnenden Institutionen sowie von der beabsichtigten Form des Widerstands ab. Der Einigungsprozess ist vom Verhalten der Leader der Offliner geprägt. Sie können ihre Ressourcen und ihre Erfahrung nutzen, um den Widerstand zu einen, bewusst auf ihren Partikularinteressen zu beharren oder sogar andere Offliner zu bekämpfen. Die Nichteinigung der Offliner schwächt den Widerstand und stärkt die digitale Monokultur, falls die Offliner nicht in die Gesellschaft integriert werden. In einem solchen Szenario haben die Digitalisierungstreiber quasi freie Bahn, um im digitalen Raum ganz gemäss eigenen Prioritäten und Visionen zu regieren.

Szenario 1
Digitale Monokultur

Das Szenario Digitale Monokultur steht stellvertretend für den totalen Sieg der Digitalisierungstreiber und ihrer Vorstellung einer zentral gesteuerten hyperdigitalen Gesellschaft. Interne Differenzen verunmöglichen es den Offlinern, alternative Lebensweisen jenseits der Digitalisierung aufzuzeigen. Die digitalen Herrscher nutzen dieses Vakuum, um ihre Profite zu steigern und dadurch ihre Macht auszubauen. Es herrscht ein totalitäres Einparteiensystem, in dem die Onliner ihre Eigeninteressen ohne Widerstand durchsetzen. Im Notfall wird mit Gewalt nachgeholfen.

Die digitale Monokultur setzt ein hochwertiges Internet voraus, das jederzeit und überall zur Verfügung steht. Konzerne wie Google garantieren den Zugang zum digitalen Raum mittels Drohnen oder Luftballons – selbst an entlegenen Orten. Die Bildschirme werden flexibler und nehmen in jeder Situation die richtige Grösse an. Irgendwann verliert der Bildschirm seine Haptik und wird zur Projektion. Wichtiger als der Bildschirm ist der Zugriff auf unsere Cloud. In dieser speichern wir unsere Netzwerke, Präferenzen, Links und Profile. Sie wird zunehmend durch Chips gefüttert, die wir in und an unserem Körper tragen. Ärzte implantieren uns Miniroboter, Identitätschips zeigen Staaten, wo wir uns befinden, und erlauben Verkehrsbetrieben ein automatisches Berechnen unserer Mobilitätskosten. In unseren Kleidern messen die Chips Temperatur, Puls und Herzschlag. Das Internet der Dinge integriert unsere Betten, Schuhe, Toiletten und Zahnbürsten in unsere digitale Umwelt. Unternehmen und Behörden haben, mit den entsprechenden Zugriffsrechten, Einsicht auf unseren gesamten digitalen Schatten.

Zwecks Kosteneffizienz und um Zugriff auf unsere Daten zu erhalten, verlagern die Konzerne sämtliche Prozesse ins Internet. Das Papier verschwindet, es gibt keine Rechnungen, keine Prospekte, keine Zeitungen mehr. Auch Papiergeld gibt es nur noch in der Erinnerung. Algorithmen planen die nächsten Ferien und stellen unsere Bibliothek zusammen. Wir suchen ihren Rat, wenn wir uns nach einem anstrengenden Tag einsam fühlen und etwas mit einem Vertrauten bereden wollen. Weil die Algorithmen uns überallhin begleiten, alles über uns wissen und unser Verhalten voraussehen, kennen sie uns besser als unsere Freunde. Roboter werden Teil der Gemeinschaft, nicht immer sind sie sichtbar. Sie kommen dort zum Einsatz, wo Menschen fehlen – bei Arbeiten, für die wir uns zu schade sind oder für die wir keine menschlichen Arbeitskräfte finden. Roboter pflegen alte Menschen, fahren uns durch die Gegend und füllen die Steuererklärung aus. Einige von uns werden Roboter als Sexpartner, Psychiater oder Haustiere halten, um sich der Einsamkeit zu entziehen.

Je mehr sich die Roboter verbreiten, desto mehr Arbeitsplätze sind bedroht. Schon lange dominieren sie die industrielle Produktion, weil sie schneller, präziser, mit weniger Fehlern, ohne Launen und unabhängig von der Tageszeit arbeiten. In einer digitalen Zukunft gibt es keine Piloten, Chauffeure, Zugchefs und Kassiererinnen mehr. Ärzte und Juristen werden von künstlicher Intelligenz assistiert – oder umgekehrt. Die Verwaltung ist komplett digitalisiert, es gibt nur noch wenige Expertinnen, die bei den Behörden angestellt sind. Schliesslich ziehen die Algorithmen in die Teppichetagen ein und erledigen die Arbeit von Managerinnen, Analysten, Controllern und Investmentbankern. Sie übertreffen die Menschen im Sammeln und Auswerten von Informationen bei weitem. Die Megafusionen der Digitalisierungstreiber kosten noch mehr Arbeitsplätze. Es stellt sich die Frage, für wen es in Zukunft überhaupt noch Arbeit gibt und wie hoch der Druck auf den übrig gebliebenen Stellen ist. Man muss sich sowohl gegenüber anderen Mitarbeitenden als auch gegenüber den Maschinen beweisen. Arbeitgeber erhöhen ihre Flexibilität und reduzieren ihre Fixkosten, indem sie Arbeitsverträge in Projektverträge umwandeln. Die Arbeitsplatzsicherheit des 20. Jahrhunderts weicht dem Zwang, seine Arbeitsmarktfähigkeit zu erhalten und zu inszenieren. Sämtliche Arbeit wird penibel in Punkte und Ranglisten umgerechnet, um den Erfolg der Mitarbeitenden zu verifizieren und die Besten auszuwählen.

Dieser Ökonomisierung der Arbeit werden nicht alle nachkommen können oder wollen. Die digitale Elite setzt sich neben Topmanagern und Kapitalstarken aus den wenigen Arbeitskräften zusammen, die an der Weiterentwicklung der Roboter und Algorithmen sowie der Generierung von Orientierungswissen beteiligt sind. Um die Unruhe in der Bevölkerung niedrig zu halten und die Kritik abzufedern, gibt es zwei Varianten: Entweder die Digitalisierungstreiber halten an nicht wertschöpfenden Arbeitsplätzen fest und setzen auf gigantische Beschäftigungsprogramme, in denen die Bevölkerung mit sinnloser und eigentlich nicht notwendiger Arbeit von neun bis siebzehn Uhr in Konzernbüros gefangen gehalten wird. Oder sie federn den Arbeitsplatzabbau durch den Ausbau sozialer Sicherungssysteme ab.

Die Digitalisierungstreiber wissen durch unsere digitalen Schatten, wo wir sind, was wir tun und wie wir uns fühlen. Sie wissen, mit wem wir ins Bett gehen (weil sich die Handys über Nacht im selben Raum befinden), wie gesund wir sind (Roboter in unserem Körper), wie wir uns ernähren (Kundenkarte im Supermarkt), welche Länder wir bereisen (elektronischer Pass), welche Partei wir wählen (Social Graph in Facebook), was wir wissen (bestellte Bücher), wie fit wir sind (Fitbit), wie beliebt wir sind (Klout) und welchen Einfluss wir in der Gesellschaft haben (Verbindungsdaten des Mobiltelefons). Je mehr Daten über uns vorliegen, desto besser kann man unser Verhalten vorhersehen und uns in Gruppen zusammenfassen, die ein ähnliches Verhalten zeigen. Wir geben unsere Entscheidungsfreiheit mehr und mehr zugunsten der Entscheidungskompetenz der Algorithmen auf.

Mithilfe der Daten lotsen uns die Digitalisierungstreiber durch Raum und Zeit beziehungsweise zum nächsten Konsumangebot. Sie wählen unsere Feriendestinationen, Hotels, Restaurants, Ärzte und Clubs aus und halten uns dadurch in sozialen Kreisen fest. Weil wir auch Wohnungen, Freundeskreise und Partner digital suchen, beeinflussen die Algorithmen, wen wir kennenlernen, mit wem wir Sex haben und mit wem wir Kinder zeugen. Unsere digitalen Spuren berechnen laufend unseren Social Score. Er entscheidet, in welchen Bars wir zugelassen sind, wie viele Meilen wir pro Jahr fliegen dürfen, ob wir einen Kredit erhalten, welche Ärzte uns empfangen und in welche Schulen unsere Kinder kommen.

Die Besitzer der Algorithmen bestimmen aufgrund unseres Datenschattens, wer welche Drogen konsumieren kann, wie die Gesundheit erhalten werden muss, wer welche Internetseiten besuchen darf. Mit den neuen Methoden der Überwachung minimieren die Digitalisierungstreiber unsere Privatsphäre. Es gibt keine Situation, in der wir unbeobachtet sind und keine digitalen

Spuren hinterlassen. Aus diesem Verhaltenskorsett auszubrechen, ist zwar möglich, aber eben nur, wenn man sich die Freiheit erkaufen kann. Standardprofile in den sozialen Medien werden auf Kritik am System, Verbrechen und politische Unkorrektheit untersucht. Nur die Nutzer von Premiumangeboten dürfen sich frei äussern und alles sehen. Die digitale Überwachung macht auch das Offline-Sein zum Luxusgut. Wer es sich nicht leisten kann, bleibt unter ständiger Beobachtung. Um uns digital zu erfassen, setzen die digitalen Herrscher neben den Algorithmen und den Spuren, die wir freiwillig im Netz hinterlassen, auf gesichtserkennende Kameras, Sensoren oder Drohnen. Bald können wir die Drohnen nicht mehr von Insekten unterscheiden, die an unseren Fensterscheiben kleben. Smart Dust verteilt unsichtbare Sensoren. Wer sich nicht an die Regeln hält, wird mit Bussen oder einer noch rigideren Überwachung bestraft.

Die Digitalisierungstreiber wirken via Bildung, Medien und das Design der Vergangenheit auf unser Denken ein. Negative Folgen der Digitalisierung – wie die steigende Umweltbelastung, ausgehende Ressourcen oder soziale Unruhen – werden verschwiegen. Differenzierte Berichterstattung ist nur für die wohlhabende Klientel zugänglich, die sich die teuren Informationsstreams leisten und differenzierte Berichterstattung verstehen kann. In den werbefinanzierten Medien hat es keinen Platz für kritische Gedanken, auch weil sie der Zensur der Digitalisierungstreiber unterliegen. Der Grossteil der Bevölkerung ist in der Matrix gefangen, in der passgenaue Unterhaltungsangebote und Spiele Langeweile verhindern und gleichzeitig das kritische Denken unterbinden. Im Reality-TV der Zukunft schauen wir realen Menschen durch deren intelligente Brillen in ihrem alltäglichen Leben zu.

Ein wachsender Teil der Bevölkerung wird vor die Bildschirme gefesselt und sozial isoliert. Das gilt vor allem für die Verlierer der Digitalisierung, die ohne Unterhaltung rebellieren würden. Die Digitalisierungstreiber spendieren den Arbeitslosen Lebensraum und Nahrung, wenn auch in schlechter Qualität. Der eigene Wohnraum wird kaum noch verlassen. Stimmungserhellende Nahrungsmittel und Medikamente sorgen für allgemeines Wohlbefinden. Die vor den Bildschirm Gefesselten unterstützen durch Microjobs die Macht der Digitalisierungstreiber und können sich so etwas zusätzlichen Wohlstand verdienen. Sie identifizieren Gesichter, überwachen den öffentlichen Raum, schreiben Kommentare in den digitalen Zeitungen oder zensurieren die sozialen Medien. Die fehlende Auseinandersetzung mit komplexen Inhalten macht die Gegner der Digitalisierung gefügig.

Im Szenario der digitalen Monokultur existiert keine Offliner-Bewegung. Die Digitalisierungstreiber unterdrücken die Kritik am System. Sie stellen die Kritiker mit Geld ruhig, binden sie pseudomässig in das Design der Zukunft ein oder bringen sie im Notfall um. Anschläge und Demonstrationen werden verschwiegen oder mit falscher Berichterstattung umgedeutet. Ergebnis der einseitigen Digitalisierung ist eine digitale Monokultur, in der die Vielfalt digitaler Lebensstile äusserst gering ist. Toleranz für andere digitale Lebensstile gibt es nicht, Unterdigitalisierte werden stigmatisiert und kriminalisiert. Es existieren keine alternativen Lebensweisen jenseits des Mainstreams. Ohne Datenschatten erhält man kein Geld, keine Informationen, keine ärztliche Versorgung, keinen Zutritt ins Stadion, ins Kino oder in die Diskothek. Offliner überleben nur im Untergrund, in einer unsichtbaren Parallelwelt.

Die umfassende Nutzung von Big Data erlaubt es, die Ressourcen einer Gemeinschaft intelligenter zu verwenden. Durch die totale Transparenz unseres Verhaltens können Verkehrsströme besser geplant, Humankapitalträger wirkungsvoller eingesetzt,

Krankheiten effektiver bekämpft werden. Reicht diese Metaintelligenz nicht aus, um die materiellen Knappheiten zu bewältigen, steigt die Wahrscheinlichkeit von kriegerischen Auseinandersetzung mit unterdigitalisierten Ländern, die Zugriff auf die knappen Rohstoffe haben. Vor dem Hintergrund materieller Knappheiten ist es durchaus möglich, dass sich eine Mehrheit hinter die Unterdrückung und die Kriegspläne der autoritären Digitalisierungstreiber stellt. Diese rücken die materiellen Knappheiten in den Fokus der öffentlichen Aufmerksamkeit und streichen die Bedeutung des Zugangs zu seltenen Erden, Wasser und neuen Energiequellen hervor – um auch in Zukunft denselben Wohlstand zu garantieren.

Szenario 2
Politische Gegenbewegung

Im Szenario Politische Gegenbewegung einigen sich die Offliner in der Auseinandersetzung um die digitale Zukunft auf einen Minimalkonsens. Er ermöglicht ihnen, geeint für alternative Lebensweisen einzustehen und konzentriert gegen die Nebenwirkungen der Digitalisierung vorzugehen. Die Offliner beteiligen sich via Politik am Design der Zukunft, sei es, indem sie Gesetzesentwürfe einbringen, sich aktiv an der Regierung beteiligen oder neue politische Institutionen schaffen. Durch alternative Produkte und Services nehmen sie Einfluss auf die Wirtschaft. Unternehmerische Offliner treiben die Sharing-Economy voran.

Im Szenario Politische Gegenbewegung tragen On- und Offliner ihre Meinungsunterschiede offen aus. Nebenwirkungen und Folgen der Digitalisierung werden öffentlich diskutiert, wobei die Digitalisierungstreiber Gefahren und Folgewirkungen der Digitalisierung transparent machen. Die öffentliche Diskussion vergrössert die Gruppe der Skeptiker. Das Design der Zukunft wird wie die Behebung künftiger Knappheiten nicht nur über den Markt und die Befehle der Digitalisierungstreiber geregelt, sondern auch in politischen Diskursen. Aus dem autoritären Design der Matrix entwickelt sich ein partizipativer Prozess. Dabei erhöht sich die Anzahl der Stimmen, die über die digitale Zukunft entscheiden, dramatisch. Die wirkungsvolle Organisation der Offliner beziehungsweise die Bündelung ihrer Kräfte setzt die Digitalisierungstreiber unter Druck. Um keinen Reputationsschaden zu erleiden, sprechen sie ihre Visionen und Strategien vermehrt mit der Bevölkerung und ihren Kunden ab.

Onliner und Offliner stehen in einem ähnlichen Verhältnis, wie es heute linke und rechte Parteien tun. Ob jemand zu den Onlinern oder Offlinern gehört, ersetzt mehr und mehr das Links-rechts-Schema. Bisher ist die Digitalisierung als politische Trennlinie weitgehend irrelevant. Im Vordergrund stehen vielmehr die Spannungsfelder Kapital und Arbeit, Wirtschaft und Natur, Zentralstaat und Föderalismus, Staat oder Wirtschaft, globale oder nationale Gesellschaft, vermehrt auch Stadt und Land. Aufgrund der heutigen Machtverhältnisse dürften die Onliner die Regierung und die Gegenkräfte die Opposition stellen. Wenn eine Gesellschaft mehr oder weniger funktioniert, ist es schwierig, das Stimmvolk von einem Kurswechsel zu überzeugen. Systemwechsel sorgen kurzfristig für Instabilität und stören das menschliche Sicherheitsbedürfnis. Man möchte weder die erlangten Sicherheiten und Privilegien aufgeben noch im relativen Wohlstand zurückfallen.

Um über die knappen Ressourcen mitzubestimmen, müssen sich die Offliner an der Regierung beteiligen und die politische Agenda beeinflussen. Je mehr Macht eine Personengruppe im politischen Spiel hat, desto mehr Einfluss übt sie in der Verteilung der knappen Ressourcen aus. Die Onliner setzen sich für eine technologiegetriebene Zukunft ein, in der Fortschritt und Wirtschaftswachstum im Vordergrund stehen. Umgekehrt steht für die Offliner die Bewältigung der immateriellen Knappheiten im Vordergrund. Alle Mitglieder einer Gesellschaft sollen Zugang zur digitalen Infrastruktur haben, Entscheidungsfreiheit und Selbstbestimmung sollen möglichst ausgeprägt sein, eine Polarisierung von Einkommen und Vermögen vermieden werden. Die Offliner setzen sich für eine Dezentralisierung der Entscheidungsprozesse ein, die sich am Crowd-Founding und -Sourcing orientieren. Das Szenario der Gegenbewegung beruht auf Medien, die den Diskurs der Digitalisierung aufnehmen und Informationsgefängnisse aufbrechen. Weil die Offliner die Bedrohung der digitalen Gleichschaltung kennen, wehren sie sich gegen eine Privatisierung aller Informationskanäle und werben für einen starken Service public. Ergänzend bauen sie alternative Medien und soziale Netzwerke auf. Damit die Digitalisierung zum Anlass einer neuen politischen Bewegung wird, ist viel Politmarketing nötig. Es braucht eine weit- und tiefgreifende Sensibilisierung für die Gestaltungsmöglichkeiten der Matrix und die Gefahren einer digitalen Monokultur. Konkret geht es um Datenschutz, Zentralisierung von Macht, Monopolisierung, Umweltschutz und digitale Diversität. Eine neue Kraft müsste viele Ressourcen investieren, um sich gegenüber bestehenden – politischen und ökonomischen – Kräften zu etablieren und sich als kompetenter Designer der digitalen Zukunft zu positionieren. Das Politmarketing vereinfacht sich, wenn sich die Offliner auf einen Minimalkonsens einigen und sich prominente Einzelpersonen – egal ob Politiker, Sportler oder Musiker – für die Interessen der Offliner einsetzen.

In demokratisch regierten Ländern liegt die Staatsgewalt und mit ihr die Verwaltung der Knappheiten in den Händen der Parteien. Die Offliner könnten deshalb eine neue Partei gründen. Weniger aufwändig wäre es, eine neue politische Kraft aus bestehenden Parteien zu etablieren. Dieser Weg scheint zum jetzigen Zeitpunkt jedoch unwahrscheinlich, da die Anliegen der Offliner keinem politischen Lager direkt zugeordnet werden können. Mehr noch, die Anliegen der Offliner verteilen sich auf entgegengesetzte politische Kräfte. Nationalistische und protektionistische Anliegen finden sich bei den Rechten, globalisierungskritische und grüne Forderungen bei den Linken. Am ehesten decken sich die Interessen der Offliner mit denjenigen der Piratenpartei. Diese setzt sich für die Stärkung der Bürgerrechte, die direkte Demokratie, den freien Zugang zu Wissen und Bildung, die Privatsphäre, die informationelle Selbstbestimmung, die Transparenz des Staatswesens sowie die Reform des Urheber- und Patentrechts ein. Problematisch sind der gegenwärtig kleine Marktanteil sowie das unscharfe beziehungsweise schlechte Image der Piraten in der breiten Bevölkerung.

Die Offliner werden sich auch deshalb die Frage stellen, ob eine Partei überhaupt der richtige Weg für ihren Widerstand ist. Weil Politik mehr und mehr über die Wirtschaft wahrgenommen wird, zielen sie auf die direkte Beeinflussung der Konzerne ab. Zum einen werden die Offliner versuchen, in den obersten Führungsgremien der Digitalisierungstreiber Einsitz zu nehmen. Das ist die Top-down-Variante, bei der Einfluss über die zentralen Instanzen und Konzerne wahrgenommen wird. Ganz oben angelangt, geht es um die Verankerung der Wirtschaft in der Gesellschaft, den Beitrag zur Lösung immaterieller Knappheiten, das Wahrnehmen der unternehmerischen Verantwortung, die Demokratisierung der digitalen Infrastruktur sowie das Design der dazugehörigen Sozialsysteme. Dieser Weg ist jedoch steinig, da es zu Ellbogenkämpfen kommt und sich die Offliner vermutlich jahrelang contre cœur verhalten müssten.

Ergänzend gibt es den dezentralen Weg, um das Wirtschaftssystem zu beeinflussen. Als Mitarbeitenden steht uns offen, für welches Unternehmen wir tätig sein wollen, besonders wenn wir über seltene Kompetenzen verfügen. Jedes Gespräch und jede Präsentation beeinflusst den Kurs unseres Arbeitgebers. Noch einfacher ist die Mitgestaltung der digitalen Zukunft als Aktionärin und Kundin. In beiden Fällen bestimmen unsere Käufe, welche Unternehmen wir unterstützen. Um die Macht der Konsumenten zu bündeln, braucht es neben einer ökonomischen Sensibilisierung in der Bildung auch einen neuen Typus von politischen Institutionen. Diese kombinieren Elemente von Gewerkschaften, Betriebsräten, Kundenparlamenten, Konsumentenorganisationen, Aktionionärsvereinigungen, NGO, Online-Petitionen, Crowd-Sourcing und Crowd-Founding. Die Offliner treffen gemeinsame Entscheidungen, sammeln Geld für Forschung und Entwicklung, investieren und boykottieren. Virale Effekte helfen, in rascher Zeit viel zu bewegen – wie bei der Ice Bucket Challenge, bei der innerhalb von wenigen Wochen mehrere Millionen gespendet wurden.

Wenn On- und Offliner dieselbe digitale Infrastruktur verwenden, braucht es eine gemeinsame Definition von Spielregeln. Zentral ist die Debatte rund um die Nutzung und Speicherung der Daten. Je mehr Transparenz das Internet herstellt, desto mehr stellt sich die Frage, wem die angefallenen Daten gehören, wie lange diese gespeichert werden dürfen und wer sich wann der digitalen Überwachung entziehen kann. Eine widerstandslose Enteignung ihres Datenvermögens werden sich die Offliner nicht gefallen lassen. Zudem werden sie für mehr Schwarmintelligenz bei der Bewertung und Auswertung der Datensätze sowie für offenere Designprozesse der Algorithmen plädieren, die unser Verhalten bestimmen. Die Offliner sorgen dafür, dass alle Mitglieder einer Gesellschaft die Möglichkeit haben, sich zumindest zeitweise aus der digitalen Überwachung auszuklinken. Solche Möglichkeiten werden geschaffen, indem die Offliner im Sinne des Service public Krankenkassen, Banken, Internetprovider, Suchmaschinen und digitalen Speicherplatz etablieren, bei denen auf Tracking verzichtet wird.

Szenario 3
Terror

Im Szenario Terror wehren sich die Offliner mit destruktiven Massnahmen gegen die Digitalisierung und deren Machthaber. Ohne Glauben an eine bessere Zukunft bleibt nur der Weg der Gewalt. Die Offliner destabilisieren das System, um auf sich aufmerksam zu machen, den digitalen Fortschritt zu hinterfragen und die Macht in der Gesellschaft neu zu verhandeln. Dieses Szenario setzt eine grosse Zahl an Opfern der Digitalisierung voraus, die keine Hoffnung mehr auf Besserung haben.

Die Gewaltbereitschaft der Offliner folgt aus einem Gefühl der Machtlosigkeit. Die Ohnmacht gründet in der Macht der Digitalisierungstreiber. Sie treiben die Digitalisierung ohne Widerspruch voran, bestimmen allein, welche Knappheiten für eine Gesellschaft relevant sind und wie sich die Matrix weiterentwickelt. Normale Bürger sind den Updatezwängen der Digitalisierungstreiber ausgesetzt und zu technischem und emotionalem Enhancement verpflichtet. Unterdigitalisierte Menschen und Länder werden von den Digitalisierungstreibern schlicht ignoriert oder lediglich zur Befriedigung ihres Ressourcenhungers gebraucht. In der öffentlichen Meinungsbildung und der medialen Berichterstattung werden die Anliegen der Offliner ausgeblendet. Auch der fehlenden Sensibilisierung wegen steht die Mehrheit der Bevölkerung der Digitalisierung und ihren Nebenwirkungen gleichgültig gegenüber. Man akzeptiert Überwachung, Datenraub, eingeschränkte soziale Mobilität und Umweltverschmutzung. Schliesslich geht es einem gut, und durch gesellschaftliche Umstürze hätte man einiges zu verlieren.

Diese Gleichgültigkeit stört die engagierten Offliner. Sie machen zuerst mit spielerischen Mitteln wie dem Einfärben von Treppen, dem Verzieren von Bäumen oder nächtlichem Lichthupen auf sich und ihre Anliegen aufmerksam. Interventionen im öffentlichen Raum sollen die Augen der Unkritischen öffnen und die Diskussion über das unvorteilhafte Design der Matrix in Gang bringen. Genauso wichtig wie die Aktionen selbst ist die begleitende Kommunikation. Die interessierten Zuschauer sollen sich informieren können und Vertrauen in die Bewegung gewinnen. Doch je mehr sich die Kunst in den Dienst des Kapitalismus stellt, je mehr die Digitalisierungstreiber den öffentlichen Raum in Besitz nehmen, je mehr die Meinungsfreiheit eingeschränkt wird, je mehr die Onliner die Medien kontrollieren, desto mehr fühlen sich die Offliner in die Enge getrieben. Sie greifen deshalb zu drastischeren Mitteln, um die digitale Monokultur aufzubrechen und alternative Zukunftsvorstellungen möglich zu machen.

Denkbar ist in einem ersten Schritt die Bildung einer Bürgerwehr, die sich durch Guerilla-Aktionen Gehör verschafft. Wirkungsvoll sind simple Störungen des digitalen Alltags, zum Beispiel in der Form von Stromunterbrüchen. Die Störung des digitalen Alltags ärgert die Nutzer und schafft im positiven Fall Raum für Reflexion. Das Internet der Dinge macht es möglich, Kaffeemaschinen, Staubsauger, Zahnbürsten oder ganze Hotels fernzusteuern und verrückt werden zu lassen. Denkbar ist auch eine Einwirkung über die Sabotage von Hardware – wie die mutwillige Zerstörung von Smartphones, die Installation von Störsendern, das Durchschneiden von Kabeln, das Lahmlegen von Spielkonsolen, die Zerstörung von Servern, das Sprengen von Bankomaten und Ticketautomaten oder das Abschiessen von Drohnen. Die Offliner nutzen auch das Internet, um die Nutzer zu verärgern und in Erscheinung zu treten. Dazu hacken sie digitale Konten, sperren in der Cloud gespeicherte Dateien, posten in fremdem Namen erniedrigende Bilder oder entwenden die Daten eines Unternehmens, um sie wie Robin Hood unter der Bevölkerung zu verteilen.

Zeigt auch der Guerilla-Krieg keine Ergebnisse, werden die Offliner nach noch krasseren Methoden Ausschau halten. Naheliegend ist der Aufbau eines Terrornetzwerkes. Um Aktivisten zu rekrutieren, ist der Appell an die Emotionen der Offliner unerlässlich. Im Netzwerk bringen sich alle ein, die aus unterschiedlichen Gründen Hass gegen die Digitalisierungstreiber hegen – sei es, weil sie ignoriert, unterdrückt oder in ihren Gefühlen verletzt werden. Im Gegensatz zur politischen Bewegung setzt Gewalt weder ein Verständnis für die Zusammenhänge der digitalen Gesellschaft voraus, noch dass man an die Argumente und Netzwerke der Digitalisierungstreiber andockt. Das eröffnet gerade den Opfern der Digitalisierung Möglichkeiten, um sich am Widerstand zu beteiligen. Im Fokus der Terroristen steht zunächst die digitale Infrastruktur. Um die Ziele zu erkunden, ist unumgänglich, sich als Onliner zu tarnen und als Spione Informationen über mögliche Ziele und deren Sicherheitssysteme zu beschaffen. Die Infrastruktur kann nur von Insidern beschädigt werden, die sehr viel über deren Achillesfersen und Sicherheitssysteme wissen.

Als Zielobjekte kommen stark befahrene Kreisel, Elektrizitätswerke, das Stromnetz, das mobile Funknetz, Pipelines, Flughäfen,

Bahnhöfe, Bahnlinien, Autobahnen, die Luftraumüberwachung oder Börsen in Frage. Ziel der Anschläge ist es einerseits, die digitalen Flüsse zu unterbinden. Andererseits soll der Gesellschaft ihre digitale Verletzlichkeit aufgezeigt werden. Die Angriffe bringen das wirtschaftlich-technische Leben zumindest kurzfristig zum Erliegen. Darunter leiden Konzerne wie Banken oder Händler, die auf das Internet angewiesen sind, um Profite zu erzielen. Die Offliner greifen die Matrix auch durch die vorsätzliche Beschädigung von Energiequellen an. Sie sprengen Elektrizitätswerke, Staudämme oder Bohrplattformen, zünden Ölfelder an und unterbrechen Pipelines. Dadurch schaden sie zwar dem eigenen Wohlstand, verschärfen aber auch die materiellen Knappheiten und bringen die Digitalisierungstreiber in Bedrängnis. Noch effektiver, um die digitale Gesellschaft zum Stillstand zu bringen, ist das Entführen, Fehlleiten oder Abschiessen von Satelliten. Dazu braucht es aber das entsprechende Know-how, über das nur wenige hochkarätige Experten verfügen.

Agieren die Offliner als Cyberterroristen, werden supranationale Cybernetzwerke denkbar, die sich gegen gemeinsame Feinde verbünden, egal wo auf dem Planeten sich diese befinden. Die Angriffe können von Einzelpersonen ebenso wie von Staaten verübt werden, die sich in die Opferrolle gedrängt fühlen. Die Offliner werden versuchen, die globale Infrastruktur des Internets zu beschädigen. Durch Attacken auf Root-Server wollen die Terroristen den gesamten Internetverkehr verlangsamen oder zum Erliegen bringen. Das Internet der Dinge erlaubt einen Guerilla-Krieg der nächsten Generation. Suchmaschinen wie Shodan, mit denen man nach Geräten im Netz suchen kann, helfen beim Aufspüren der Ziele. Automatische Autos werden in Menschenmengen gesteuert oder die medizinischen Geräte eines Spitals ausgeschaltet. Viren auf Smartphones legen die mobile Kommunikation lahm.

Neben digitalen Viren werden die Offliner biologische aussetzen, die sich von Flughäfen aus in die globalen Zentren verteilen. Mit gezielten Angriffen attackieren die Terroristen ausgewählte Digitalisierungstreiber. Besonders gefährdet sind soziale Netzwerke, Suchmaschinen, Hard- und Softwarehersteller, aber auch Medien- und Kommunikationsunternehmen sowie die daten- und finanzstarken Banken und Versicherungen. Zudem könnten sich die Attacken gegen Staaten, deren Behörden, Ministerien und Geheimdienste richten. Das Entwenden, Löschen oder Verschenken von Terminkalendern, Netzwerken oder gespeicherten Dateien stört den Alltag der Digitalisierungstreiber und lässt sie in der Öffentlichkeit als unsicher sowie digital inkompetent dastehen. Die Terroristen werden schliesslich klassische Anschläge verüben, um die Aufmerksamkeit der Medien auf sich zu ziehen, zu provozieren, zu schockieren und die herrschende Ordnung durcheinanderzubringen. Öffentliche Hinrichtungen wecken die Bevölkerung auf und ermuntern sie, auf die Anliegen der Offliner einzutreten. Beliebte Ziele sind Hotels, Restaurants, Spitäler sowie die Wohnquartiere der Elite. Dazu kommen alle Orte in Frage, die einen hohen symbolischen Wert haben.

Trotz der Fülle an potenziellen Angriffszielen ist es schwierig, die digitale Infrastruktur nachhaltig zu beschädigen oder gar den Verlauf der Digitalisierung zu ändern. Um noch mehr Wirkung zu erzielen, wird man die Angriffe deshalb gegen personelle Exponenten der Digitalisierungstreiber richten. Die Offliner stehlen die Identitäten von Topmanagern, Verwaltungsräten oder Politikern und sabotieren deren Ruf durch den angeblichen Besitz von Kinderpornografie, die Involvierung in einen Sex- oder Bestechungsskandal. Damit möglichst viele Anhänger der Bewegung Diebstähle und Brandanschläge verüben können, werden die Fotos und Adressen der Digitalisierungstreiber öffentlich gemacht.

Ebenfalls denkbar ist die Eliminierung von Know-how-Trägern, die für den Erhalt, Schutz sowie die Vermarktung und Weiterentwicklung des Systems von grosser Bedeutung sind. Die Entführung oder Ermordung von Professoren, Entwicklern, Politikern oder Sicherheitsverantwortlichen schädigt die Digitalisierungstreiber nachhaltig.

Ein Problem der Offliner stellt die Möglichkeit zur Gleichschaltung der Medien dar. Die Onliner steuern, welche Nachrichten verbreitet und wie Anschläge in den Medien dargestellt werden. Wenn also Menschen entführt werden, die Börse abstürzt oder ein Serverpark gesprengt wird, heisst dies noch lange nicht, dass die Medien darüber berichten oder die Gewalt mit dem Onliner-Offliner-Konflikt verbinden. Auseinandersetzungen zwischen On- und Offlinern können auch als religiöse Konflikte oder Jugendunruhen dargestellt werden. Etablierte Konfliktlinien eigenen sich besser zur Erklärung von Terrorismus und Kriegen als Ungleichgewichte, die auf das eigene Versagen zurückzuführen sind. Um den Terror der Offliner nicht unnötig zu inspirieren, zensiert man Details zu Gefahren, Zielen, Hintergründen und tatsächlich verübten Anschlägen. Es tobt ein Krieg der Trolle um die Vorherrschaft in den sozialen Medien. Mit viralen Effekten, einer codierte Sprache und der Verwendung von Screenshots und Bildern statt Textzeichen versuchen die Offliner die Herrschaft der Digitalisierungstreiber zu unterlaufen.

Durch die Aktivitäten der Terrorgruppe setzt ein Kreislauf des Überwachens ein, wie man ihn vom Sicherheitswettrüsten seit den Anschlägen vom 11. September 2001 kennt. Jedes Mal wenn Terroristen zuschlagen, erhalten die Forderungen Aufwind, die auf eine Massenüberwachung zielen. Die Angst vor Anschlägen macht die Bevölkerung empfänglich für Sanktionen, militärische Interventionen, Abschottung und eben Überwachung. Die penible Überwachung verärgert die Offliner, schränkt sie doch ihre Freiheit ein. Es resultiert ein Klima des Misstrauens mit einem Generalverdacht gegen die Offliner oder zumindest gegen leicht identifizierbare Exponenten. In die Enge getrieben und dem Hass der Bevölkerung ausgesetzt, reagieren die Offliner mit noch mehr Gewalt, was wiederum mehr Überwachung nach sich zieht. Eine solche Deeskalation kann sowohl von den Digitalisierungstreibern als auch den Offlinern aktiv gesucht werden, um die eigenen Ziele voranzutreiben. Die gegenseitige Missgunst begünstigt die Separation von On- und Offlinern, die sich nicht mehr zur selben Gesellschaft zählen. Onliner und Offliner beginnen sich in eine andere Richtung zu entwickeln.

Szenario 4
Evolutionärer Bruch

Im Szenario Evolutionärer Bruch gehen Onliner und Offliner getrennte Wege. Während sich die Offliner zurück auf die Natur besinnen, streben die Onliner die Vereinigung mit der Maschine an. Die Onliner setzen auf Zentralisierung, die Offliner auf Dezentralisierung. Als Gegenkultur verlassen die Offliner die Systeme und Räume der Onliner. In zivilisationsfernen Gebieten bauen sie eine neue Kultur auf. Auch die Onliner streben nach neuen Räumen. Da sie durch ihren Energiekonsum auf der Erde an Grenzen stossen, richten sie ihren Blick vermehrt ins All.

Das Szenario der Trennung steht für eine Coexistenz von Onlinern und Offlinern. Diese Trennung kommt einem Evolutionsbruch gleich. Während die Offliner Menschen im herkömmlichen Sinne bleiben, entwickeln sich die Onliner zum Menschen 2.0, zum Cyborg, weiter. Die Onliner setzen auf noch mehr Digitalisierung – um das Leben (zumindest für die Elite) intensiver zu machen, Ressourcen effizienter zu nutzen und das Wirtschaftswachstum anzukurbeln. Das Leben verlagert sich komplett ins Internet, der Alltag noch mehr vor die Bildschirme. Die Offliner dagegen wählen einen Weg mit weniger Technologie, weniger

Zentralisierung, gedrosselter Geschwindigkeit und weniger Monopolisierung. Ihr Fokus liegt auf der Reduktion immaterieller Knappheiten. Es lockt das einfache, lokale und gemeinschaftsorientierte Leben. Das Abwandern der Offliner tolerieren die Onliner nur, wenn sie glauben, durch die Loslösung das Gefahrenpotenzial zu verringern, und sie für die Offliner keine ökonomische Verwendung haben. Fehlen ihnen einfache Arbeitskräfte, werden sie die Offliner durch Chips, rigide Kontrollen, die Errichtung von Festungen oder Gewalt am Austritt aus der Matrix hindern.

Im Zuge des Klimawandels wandern die Onliner in den Norden, der weniger von vom Klimawandel induzierten Naturkatastrophen heimgesucht wird und zugleich rohstoffreich ist. In bisher unbewohnten Gebieten werden riesige Planstädte errichtet, die überall gleich aussehen, dafür aber maximale Kontrolle und Ressourceneffizienz garantieren. Staaten lösen sich zugunsten von Wirtschaftsregionen auf, die durch Hochgeschwindigkeitszüge oder Hyperloops miteinander verbunden sind. Die künftige Digitalisierung erfordert eine noch stärkere Urbanisierung, um den Ausbau der Infrastruktur lokal zu begrenzen und die Bevölkerung möglichst energieeffizient zu versorgen. Die Siedlungen der Onliner sind regelrechte Festungen, weil man sich vor Anschlägen und Raubzügen der Offliner fürchtet. Aufgrund des Platzmangels baut man in die Höhe und unterirdisch in die Tiefe. In diesen Vertikalstädten sind die obersten Plätze für die Privilegierten reserviert, denn nur dort gibt es Tageslicht und frische Luft. Die Unterschicht wohnt unter dem Boden. Die Urbanisierung der Onliner steht ganz im Gegensatz zur Stadtflucht der Offliner. Sie halten sich in der Peripherie auf und bauen, statt riesigen Städten, global vernetzte Dörfer. Dafür eignen sich jene Orte, deren Anschluss an die digitale Infrastruktur für die Onliner zu kostspielig ist. In der Schweiz werden Bergdörfer besiedelt, in anderen Ländern lassen sich die Offliner in verlassenen Shrinking-Cities wie Detroit, Manchester und Leipzig nieder oder ersteigern nicht gebrauchte Planstädte.

Die Gemeinschaft der Onliner ist eine konsequente Marktgesellschaft. Politische Institutionen werden geschwächt, wirtschaftliche gestärkt. Die Gesellschaft ist stark in Klassen unterteilt, die kaum miteinander in Kontakt kommen. An Sicherheitsschleusen im analogen und digitalen Raum sind Grenzposten stationiert, die den Übertritt an falsche Orte vermeiden. Eine globale Einheitswährung ersetzt zwecks Effizienz und Transparenz alle bisherigen lokalen Währungen. Um die Digitalisierung ohne Widerspruch weiterzutreiben, werden die Rechte von Aktionären und Mitarbeitenden beschnitten. Materielle Knappheiten verstärken die Zentralisierung der Wirtschaft, weil man glaubt, durch Rationalisierung und Massenproduktion Ressourcen zu schonen. Möglicherweise gibt es zu diesem Zeitpunkt überhaupt keine Staaten mehr, weil die Konzerne ihnen die Schulden abgenommen, die Sozialversicherungen und Rentensysteme gerettet haben.

Wir sind nicht mehr Mitglied eines Staates, sondern eines Konzerns. Dieser sorgt für unseren Lebensunterhalt, unsere soziale Vorsorge und sichert unsere Identität ab. Die Fusionen erlauben es einigen wenigen Konzernen, alle unsere Bedürfnisse zu befriedigen – von der Ernährung über die Kleidung zur medizinischen Versorgung, vom Unterhaltungsprogramm bis zur technischen Ausstattung. In dieser Konsolidierung werden jene Konzerne als Neostaaten hervorgehen, die bereits heute in einem zentralen Bedürfnisfeld wie der digitalen Infrastruktur, dem Identitäts- und Datenmanagement, der Nahrungsmittelproduktion oder dem Gesundheitswesen eine Monopolstellung innehaben. Die Megakonzerne kontrollieren die Schnittstellen zu den Endkunden und die dazugehörigen Datensätze. Unser Social Score weist uns einen maximalen Energieverbrauch zu. Jede ökologisch relevante Tätigkeit wird direkt vom Öko-Konto abgebucht. Nahrungsmittelknappheit zwingt die Matrix dazu, eine Vielzahl von Menschen künstlich mit Drinks und Pillen wie Soylent zu ernähren. Der Zwang zur effizienten Nutzung der Ressourcen gilt auch für das Humankapital. Unser Wertschöpfungsbeitrag, unsere Innovationskraft Gesundheit und unsere Netzwerke werden von unseren Arbeitgebern penibel vermessen. Bei Performance-Einbrüchen oder erhöhtem Stress suchen die Algorithmen in unserem beruflichen und privaten Umfeld sofort nach möglichen Ursachen. Die Gestaltung unseres Bildungswegs und unserer Karriere übernehmen die Digitalisierungstreiber. Die identifizierten Gene, Eigenschaften und Fähigkeiten weisen uns eine Tätigkeit und damit einen sozialen Rang in der Gesellschaft zu. Die Algorithmen der Mächtigen wissen am besten, wie eine Gesellschaft ihre Mitglieder gewinnbringend einsetzt. Deshalb wählen die Algorithmen den zu erlernenden Beruf genauso wie den dazugehörigen Arbeitgeber für uns aus. Würden die Menschen selbst entscheiden, würden sie ihre Ressourcen verschwenden.

Je mehr Innovationskraft man hat und je mehr Verantwortung man trägt, desto mehr Freiheiten kann man sich erkaufen. Man darf sexuell abweichen, sich politisch unkorrekt äussern, sich ungesund ernähren, sich einen Drogenrausch gönnen, seinen ökologischen Fussabdruck überschreiten, sich den digitalen Beobachtern zeitweise entziehen. Unsere politischen Rechte und damit unser Einfluss auf die Gestaltung der Zukunft steigen proportional mit dem Einkommen. In der Fortpflanzung überlassen die Onliner nichts dem Zufall. Ziel der kontrollierten Fortpflanzung ist die Auslese der besten Gene und das Festigen sozialer Klassen. Damit es auch in Zukunft billige Arbeitskräfte gibt, ist die Matrix auf ungebildete und unreflektierte Arbeitskräfte angewiesen. Die

Privilegierten aber wollen sich genetisch verbessern und pflanzen sich deshalb nur noch künstlich fort. Zur genetischen Optimierung gehört umfassendes körperliches, technisches, geistiges und emotionales Enhancement. Die Fortschritte in den Life-Sciences lassen die Lebenserwartung der Privilegierten deutlich steigen.

Die materiellen Knappheiten erfordern von den Onlinern Einfallsreichtum, um ihr langfristiges Überleben zu sichern. In die Enge getrieben, könnten sie auf die Idee kommen, mit künstlichen Krankheiten, vorgetäuschten Terrorangriffen oder angezettelten Kriegen die Bevölkerung und damit den Bedarf an Energie, Rohstoffen und Nahrungsmitteln zu reduzieren. Zeitgleich werden sie die Suche nach Energie und Rohstoffen im Meer, in der Arktis und Antarktis vorantreiben. In der Not nimmt man Kriege mit den Unterdigitalisierten in Kauf. Auch im All, auf nahen Planeten, Planetenmonden, unserem eigenen Mond, vor allem aber auf Kometen und Meteoriten hofft man in Zukunft Rohstoffe abzubauen. Die Wissenschaften werden deshalb konsequent an diesem Ziel ausgerichtet. Der Energiebedarf der Maschinen übersteigt den Energiebedarf der Menschen, wobei die Energie weniger heikler zu beschaffen ist. Für die Produktion von Nahrungsmitteln braucht es ein intaktes Ökosystem, nicht aber für die Produktion von Strom.

Es stellt sich die Frage, ab welchem Punkt der Mensch zur Maschine wird und sich nicht mehr natürlich ernähren muss. Was mit künstlichem Fleisch, Nahrungsergänzungsmitteln und Gentechnologie begonnen hat, findet seine logische Fortsetzung in der Umwandlung von natürlicher in elektrische Nahrung. Künstlich ernährte und eingefrorene Menschen lassen sich für die Zivilisierung des Weltraums jahrzehntelang durch das All chauffieren. Um ewig zu leben, klonen sich die Privilegierten. Sie frieren ihre Körper ein und erstellen digitale Kopien, die als Avatare mit eigenem

Willen im Netz weiterleben. Wird einst das All oder ein anderer Planet zum privilegierten Zuhause, könnten die Onliner die Erde den Offlinern überlassen. Wer weiss, ob dies in der Geschichte nicht schon einmal passiert ist.

Im Zentrum des Lebens der Offliner steht die Gemeinschaft sowie die Rückbesinnung auf die Natur, den Raum und die Zeit. Ziel ist die Relativierung immaterieller Knappheiten, die durch die Digitalisierung entstanden sind. Zum Beispiel versuchen sie den Mangel an Stille oder Gemeinschaft bewusst zu reduzieren. Alleine die kleinen Strukturen in stadtfernen Gebieten werden dazu einen Beitrag leisten. Geld wird als Währung abgeschafft und durch komplementäre Währungen wie Zeit oder den ökologischen Fussabdruck ersetzt. In den Betrieben der Offliner kann nur mit der Offline-Währung bezahlt werden, die sich nicht in die globale Einheitswährung umwandeln lässt und einem Ablaufdatum unterliegt.

Viel mehr als Technologiefreiheit streben die Offliner eine Demokratisierung der Digitalisierung an. Crowds und Genossenschaften treten an die Stelle von zentral regierten Konzernen. Das Individuum soll so viele Entscheidungsfreiheiten wie möglich erhalten und nicht von der Gemeinschaft beziehungsweise dem System bevormundet werden. Welche Knappheiten bewältigt werden sollen und wie dabei vorgegangen wird, entscheidet die Gemeinschaft. Energie wird dezentral durch Sonnenkollektoren, Windmühlen oder Bodenplatten im öffentlichen Raum erzeugt. Digitale Diversität ist im Gesetz verankert, es gibt einen starken Rechtsstaat.

Die Beziehung zwischen On- und Offlinern ist davon geprägt, ob man von denselben materiellen Knappheiten betroffen ist. Kommt es zu kriegerischen Auseinandersetzungen, steht den Onlinern ein hochtechnologisches Militär zur Verfügung. Mit

Drohnen, Viren und Waffen aus dem All lässt sich die Zivilisation der Offliner schnell verwunden. Umgekehrt nutzen die Offliner das gesamte Arsenal destruktiver terroristischer Interventionen im analogen und digitalen Raum. Als letzte Option steht den Offlinern die Waffe der elektromagnetischen Welle zur Verfügung, mit der sich die ganze digitale Infrastruktur einer Region zerstören lässt. Die Offliner stärken ihre Verhandlungsmacht, wenn sie strategisch wichtige Ressourcen der Onliner besetzen. Ist das Verhältnis schlecht, werden die Onliner den Offlinern nicht erlauben, ihre Infrastruktur zu benutzen.

Um diese Abhängigkeit zu verhindern, entwickeln die Offliner die digitale Infrastruktur unter den Prinzipien des Re- und Upcyclings, der Dezentralisierung, der Umweltverträglichkeit sowie des Datenschutzes weiter. Das macht den Aufbau eines eigenen Internets letztlich unumgänglich. Je schneller die Digitalisierung voranschreitet, desto schwieriger wird die Verständigung von On- und Offlinern. Irgendwann spricht man nicht mehr dieselbe Sprache, wobei sich auch die technologische Umwelt in unterschiedliche, nicht kompatible Richtungen entwickelt. Deshalb gibt es Weltewanderer, die Funktionen in der Forschung, der Bildung, der Diplomatie, der Übersetzung oder des Handels wahrnehmen. Bilden Onliner und Offliner eine Symbiose, sind Arbeitsteilung und Handelsbeziehungen im Hinblick auf die Verwaltung der Knappheiten denkbar. Die Offliner tauschen ihr Recycling-Knowhow gegen den Zugang zu Energie und Rohstoffen.

Die Wahrscheinlichkeit
der Szenarien

Was aber entscheidet über die Wahrscheinlichkeit der Szenarien? Vier Faktoren stehen im Vordergrund: die Gestaltung der weiteren Digitalisierung, das Gesellschaftsdesign, die Organisation der Offliner sowie die materiellen Knappheiten.

Den grössten Einfluss auf das Zusammenleben von Offlinern und Onlinern hat die Art und Weise, wie die Digitalisierung in den nächsten Jahren vorangetrieben wird. In der demokratischen Variante wirken wir alle am Design unserer Zukunft mit. Die Priorisierung der Knappheiten folgt aus einem politischen Prozess. Dagegen nimmt in einer autoritären Variante die Macht der Digitalisierungstreiber zu und unsere Freiheit ab. Die Freiheit bezieht sich zum einen auf den Grad unseres Enhancements. Es umfasst RFID-Chips im und am Körper, leistungssteigernde Substanzen sowie die Geräte, die unverzichtbar für die Teilhabe an der digitalen Gesellschaft sind. Eine zweite Freiheit betrifft die informationelle Selbstbestimmung, also die Möglichkeit, beim Sammeln und Auswerten unserer Daten mitzureden. Schliesslich gibt es eine dritte Freiheit in Bezug auf die Auswahl der digitalen Lösungssysteme. Durch weitere Fusionen der Digitalisierungstreiber entstehen Megakonzerne, die quasi jedes Alltagsproblem ökonomisch lösen. Je mächtiger die Monopole und je geringer die ökonomischen Wahlfreiheiten werden, desto wahrscheinlicher werden die isolativen Szenerien. Die Offliner verlieren den Glauben an konstruktive Möglichkeiten, um die Matrix in ihrem Sinne zu gestalten. Das Design der Gesellschaft ist der zweite Faktor, der sich auf die Wahrscheinlichkeit der Szenarien auswirkt. Dessen zentrale Elemente sind die Bildung, die Medien, das Gesundheitssystem, das soziale Sicherungssystem, die Energieversorgung, die Steuern und der Zugang zur digitalen Infrastruktur. Damit ist unsere Verantwortung als Bürger eines Staates angesprochen. Durch politische Entscheide nehmen wir Einfluss, wie viele Opfer, Mitläufer, Bremser und Gestalter der Digitalisierung es gibt. Die Verteilung der vier Gruppen entscheidet, ob die Digitalisierung zu einer Polarisierung oder Vervielfältigung der Lebensstile führt. Das gewählte Steuersystem reguliert durch Umverteilung die Unterschiede zwischen Gewinnern und Verlierern. Durch einen starken Service public stellt die Gesellschaft eine weitgehend kostenlose digitale Infrastruktur, ein differenziertes Medienangebot, öffentlichen Raum und ein Minimum an Privatsphäre zur Verfügung.

Der Service public wirkt integrierend, stärkt die Identität einer Gemeinschaft und fördert eine gemeinsame Haltung gegenüber der Digitalisierung. Da sich die Anforderungen an die digitale Struktur endlos erneuern, braucht es ständig Investitionen. Die Infrastruktur der Matrix ist nie abgeschlossen, im Gegenteil stellt sie mit jedem neuen Gerät und jeder Verbesserung der Übertragungsqualität höhere Anforderungen. Die Gestaltung der Bildungssysteme beeinflusst, wie kritisch die Mitglieder einer Gemeinschaft sind und wer sich am Design der Matrix beteiligt. Das Bildungssystem bestimmt zudem das Verhältnis zwischen Gewinnern und Verlierern der Digitalisierung. In der Regel verfügen nur Hochqualifizierte über die Netzwerke und Kompetenzen, um zu den Treibern zu gehören. Folglich wird auch die Gestaltung des Sozialsystems wichtiger. Es geht nicht nur darum, die Verlierer aufzufangen, sondern auch darum, ein sinnerfülltes und freies Leben jenseits der hochqualifizierten Arbeit zu ermöglichen. Im Gesundheitssystem entscheidet sich, wer zu welcher Versorgung Zugang hat, und damit auch, wer wie lange lebt. Die Versorgung mit Energie sowie die Qualität des Internetzugangs beeinflussen, wie dezentral die künftige Gesellschaft ist.

Die Organisation der Offliner ist der dritte Faktor, der über die Wahrscheinlichkeit der Szenarien entscheidet. Besonders relevant sind die Unterschiede und Gemeinsamkeiten der Offliner. Ein gemeinsamer Konsens ermöglicht den Aufbau einer politischen Bewegung, die sich innerhalb der bestehenden Institutionen für eine Demokratisierung der Digitalisierung einsetzen kann. Stehen dagegen die Unterschiede im Vordergrund, begünstigt dies eine Fragmentierung des Widerstands. Das führt zu Uneinigkeit in Bezug auf das Vorgehen und erhöht die Gefahr der Radikalisierung eines Teils der Bewegung. Zwar wird die Mehrheit der Offliner auf konstruktive Lösungen setzen sowie den Markt nutzen, um Angebote für den Offline-Lebensstil zu verbreiten. Doch wird es andere Offliner geben, die sich von den Digitalisierungstreibern in die Enge getrieben fühlen. Es ist dann nur noch eine Frage der Zeit, bis die Offliner zum Mittel der Gewalt greifen. Der Einigungsprozess wird stark davon abhängen, welche Gruppe der Offliner eine allfällige Führungsrolle übernimmt und ob es eher die Verlierer oder die Skeptiker sind, welche den Widerstand anführen. Am meisten Chaos entsteht dann, wenn sich die Verlierer beziehungsweise die unterschiedlichen Fraktionen der Offliner gegenseitig bekämpfen, wenn Destruktion auf Irrationalität, Wut auf Wut trifft.

Schliesslich entscheiden externe Faktoren über das Zusammenleben von Onlinern und Offlinern. Fundamental ist die Frage, wie ausgeprägt und lebensbedrohlich die materiellen Knappheiten in Zukunft sein werden. Darüber hinaus ist entscheidend, ob On- und Offliner von denselben Knappheiten betroffen sind. Durch wissenschaftliche Fortschritte, die Erschliessung neuer Energiequellen und Ressourcen, die Reduktion des Ressourcenbedarfs oder eine verbesserte Recylingkompetenz entspannt sich die Lage. Genauso kann sich die Ressourcenlage in den nächsten Jahrzehnten dramatisch verschlechtern. Negativ wirken sich die Ausdehnung der Lebenserwartung, eine weitere Steigerung des Energiebedarfs und der Klimawandel auf die materiellen Knappheiten aus. Entscheidend sind neben der Quantitäten der Knappheiten auch deren Zusammenhänge und deren zeitliche Abfolge. Eine Gleichzeitigkeit der materiellen Knappheiten begünstigt ein globales Chaos. Einzelne materielle Knappheiten können durch Sparsamkeit hinausgezögert oder durch technologischen Fortschritt gelöst werden, fallen diese aber zusammen, droht eine Überforderung der globalen Gesellschaft.

Langfristig gesehen, scheint die Menschheit einer Spaltung von Onlinern und Offlinern nichts entgegenhalten zu können. Durch den technologischen Fortschritt werden die Unterschiede zwischen Onlinern und Offlinern immer ausgeprägter. Die Lebensstile und -prioritäten von On- und Offlinern verunmöglichen eine gemeinsame Priorisierung der zu bewältigenden Knappheiten. Ohne globale Monokultur wird man nicht allen Menschen einen höheren Digitalisierungsgrad aufzwingen können – zumal die Ressourcen fehlen dürften, um alle in denselben Reifegrad der digitalen Gesellschaft zu heben. Zudem ist eine abnehmende Kompatibilität von On- und Offlinern in alltäglichen Dingen zu erwarten. Exemplarisch lässt sich dies anhand der Kommunikation zeigen. Bereits jetzt sind verschiedene Generationen von iPhones und verschiedene Generationen entsprechender Apps nur bedingt kompatibel. Die Kommunikationsmittel werden sich genauso weiterentwickeln wie die Sprache der Onliner. Es geht hier nicht um einen zeitlichen Horizont von Jahren, sondern von Jahrzehnten oder Jahrhunderten. Die letzten Jahre haben uns jedoch eindrücklich vorgeführt, wie schnell der technologische Wandel vor sich geht. Entsprechend können wir uns die Veränderungen durch einen exponentiell verlaufenden Fortschritt kaum vorstellen. Nur eines ist sicher: Der digitale Wandel wird von sich aus nicht zum Stillstand kommen.

Entscheidend ist also die Übergangsperiode. Um die Wahrscheinlichkeit von Monokultur und Terror zu reduzieren, ist ein Machtgleichgewicht von Offlinern und Onlinern nötig. Wir alle sind sowohl als Bürgerinnen wie auch als Kunden aufgefordert, den Digitalisierungstreibern durch politische und ökonomische Entscheide die Stirn zu bieten. Wird die Macht der Digitalisierungstreiber nicht beschränkt, ist der Weg frei für eine digitale Diktatur. Das Matthäus-Prinzip und der Effizienzzwang der Märkte bringen immer grössere Zentren hervor. Dieser Zentralisierungsdruck nimmt auch aufgrund der drohenden Knappheiten zu. Um eine Diktatur der Digitalisierungstreiber zu verhindern, braucht es eine starke Bewegung der Offliner. Gewiss können die Offliner dezentral den Verlauf der Digitalisierung steuern, indem sie entsprechende Märkte aufbauen und ihren politischen Einfluss geltend machen. Aber um auch top down auf das Design der Zukunft und die Regulierung der Märkte einzuwirken, braucht es einen gemeinsamen Konsens der Offliner. Dieser setzt erstens voraus, dass die verschiedenen Fraktionen Kompromisse eingehen und sich von ihren Kernanliegen distanzieren. Er beruht zweitens zwangsläufig auf einer gewissen zentralen Organisation. Paradoxerweise scheint ein Machtgleichgewicht nicht nur eine Reduktion der Machtkonzentration der Onlinern zu verlangen, sondern genauso eine stärkere Machtkonzentration der Offliner. Die zentralere Organisation der Offliner ist Grundlage, um die Macht der Onliner zu dezimieren und mehr Dezentralisierung einzufordern.

Epilog
Wer wird es sich leisten können, ein Offliner zu sein?

Wer dieses Buch als Schrift gegen die Digitalisierung versteht, verkennt seine Absicht. Die Digitalisierung hat enormes Potenzial, um unsere Leben sowohl zu vereinfachen als auch zu intensivieren. Wir lernen Orte, Menschen und Aspekte unserer Persönlichkeit kennen, die uns ohne Internet verborgen blieben. Als menschliche Wesen wachsen wir in einem einzigen Netz zusammen. Die daraus resultierenden Daten erlauben es uns als Menschheit eine neue Stufe der kollektiven Intelligenz zu erreichen. Auf Basis unserer Daten wächst künstliche Intelligenz, welche die Medizin, die Verkehrsplanung oder die Bewässerung revolutionieren wird. Intelligent eingesetzt, reduziert das Internet zudem den Bedarf an Papier, Zeit, Energie und Rohstoffen. Dadurch entstehen Freiräume für gemeinschaftliche und kreative Aktivitäten, aber auch Möglichkeiten, um die globale Armut und Ungleichheit zu lindern. Auf diesem Weg in die digitale Gesellschaft stehen wir erst am Anfang.

Die Digitalisierung ist unumkehrbar: Je früher man auf die Karte digital setzt, desto besser. Gerade die Schweiz als Land mit einem Mangel an materiellen Ressourcen sollte sich der Digitalisierung nicht verweigern. Im Gegenteil sollte sie ihre Rolle im Digitalisierungsprozess der Welt mutiger auslegen, sich klarer positionieren und zu den globalen Designerinnen der Matrix aufschliessen. Für die Wissensarbeiter sind eine erstklassige digitale Infrastruktur im Inland sowie deutlich billigere Zugriffe im Ausland (Stichwort Roaming) dafür unerlässlich. Aufgrund der Unumkehrbarkeit der Digitalisierung ist es trügerisch, die Offline-Bewegung als Anlass zu verstehen, um sich als Unternehmen nicht stärker zu digitalisieren. Man kann zwar vollständig auf die Karte offline setzen, aber nicht ein bisschen auf online. Digitale Wettbewerbsfähigkeit setzt eine konsequente Digitalisierung aller Produkte und Prozesse voraus. Ohne Digitalisierung der Informations-, Güter- und Geldflüsse nimmt man Ineffizienzen sowie unzufriedene Kunden und Bürger in Kauf. Globale Wettbewerber werden dies schonungslos ausnutzen und auch als Branchenfremdlinge in scheinbar geschützte Märkte einbrechen.

Probleme schafft nicht die Digitalisierung an und für sich. Problematisch sind vielmehr der undemokratische Digitalisierungsprozess sowie die ungleichen Machtgewichte, die neuen Ressourcenkämpfe und die Diskriminierungspotenziale, welche die digitale Gesellschaft hervorbringt. Im Unterschied zum konkreten Nutzen sind die Gefahren der Digitalisierung häufig unsichtbar. Das führt zu deren Unterschätzung und Verdrängung. Die Reduktion von Denk- und Handlungsfreiheiten, die schleichenden Updatezwänge und die dazugehörigen Abfälle oder die Zementierung sozialer Klassen bei gleichzeitig steigender Überwachung sind nur für sensibilisierte Beobachterinnen sichtbar. Es droht uns wie dem Frosch im siedenden Wasser zu ergehen: Er bemerkt nicht, wie die Lage immer ungemütlicher wird. Das liegt auch am exponentiellen Verlauf der Digitalisierung. Ihre Wirkung wird stetig stärker, das Tempo der Veränderung höher, die Macht der Digitalisierungstreiber grösser, die Unterschiede zwischen Gewinnern und Verlierern ausgeprägter.

Diese Schattenseiten der Digitalisierung sind häufig unsichtbar, und werden von den meisten freiwillig in Kauf genommen – auch weil die Digitalisierungstreiber uns in belanglose Unterhaltung einwickeln und unser Leben so bequem wie möglich machen. Wir werden in goldenen Käfigen gehalten, glauben, in der besten aller Welten zu leben, und sind überzeugt, nichts befürchten zu müssen. Dabei realisieren wir nicht, dass die Informationen, die zu uns gelangen, sorgfältig ausgewählt sind, unsere Konsumangebote und deren Preise sehr genau berechnet werden, Algorithmen unsere Gedanken, Gefühle und letztlich unser Verhalten lenken. Jede zusätzliche digitale Transaktion und jedes zusätzliche digitale Gerät, das wir mit und in uns tragen, erleichtert die Überwachung. Die digitale Infrastruktur und die dafür nötigen Geräte entziehen dem Planeten zudem nicht erneuerbare Ressourcen. Die verschärften Knappheiten erhöhen langfristig das globale Konfliktpotenzial.

Die Wucht der Digitalisierung zieht zwangsläufig eine grössere Anzahl an Skeptikern und Opfern nach sich. Nicht alle werden zu den Gewinnern gehören, und je stärker die Digitalisierung wirkt, desto mehr Gründe gibt es, sie abzulehnen. Besonders gefährlich sind die verzweifelten, wenig gebildeten und mittellosen Opfer, weil sie destruktiv und destabilisierend auf das System einwirken. Sie haben nichts zu verlieren und wollen in erster Linie die Matrix destabilisieren. Je mächtiger das Regime der Onliner wird, desto wichtiger wird ein gesitteter Widerstand, bei dem die Offliner mit ihren Argumenten an diejenigen der Onliner andocken. In einer Gesellschaft, die nach dem Prinzip des Markts organisiert ist, scheint es am einfachsten, die Anliegen der Offliner ebenfalls über den Markt einzubringen. Die Offliner bieten Produkte an, die stellvertretend für eine alternative Zukunft stehen, und versuchen mit diesen Angeboten indirekt die Zukunft zu designen. Dafür braucht es weder einen gemeinsamen Nenner noch eine zentrale Organisation.

Doch werden diese zwei Elemente wichtiger, wenn die Offliner die Märkte regulieren und das Wirtschaftssystem redesignen wollen. Aufgrund des Matthäus-Prinzips scheinen Markteingriffe unvermeidlich, um die Macht der Digitalisierungstreiber zu beschneiden und den weiteren Verlauf der Digitalisierung zu demokratisieren. Markteingriffe schliessen Güter vom Markt aus, definieren minimale oder maximale Preise und Löhne, besteuern Transaktionen und Vermögen. Steuern auf Aktivitäten, die Akteure bereichern, ohne dass diese gesellschaftliche Wertschöpfung erbringen, wirken dem Matthäus-Prinzip entgegen. Konkret geht es um die Besteuerung von Finanztransaktionen, nicht investierten Vermögen oder nicht genutzten Datensätzen. Die Besteuerung des Energiebedarfs würde nicht nur die Macht der energiefressenden Digitalisierungstreiber beschneiden, sondern auch deren negative ökologische Auswirkungen reduzieren. Sollen alle Mitglieder einer Gesellschaft zu den Gewinnern der Digitalisierung gehören, investieren die privaten und staatlichen Digitalisierungstreiber einen Teil ihrer Renditen in einen starken (digitalen) Service public.

Bewegen wir uns in die Richtung einer hyperdigitalen Monokultur, stellt sich die Frage, wer es sich überhaupt leisten kann, ein Offliner zu sein. Die Eliminierung des Bargeldes, die Digitalisierung der Verwaltung oder die Einführung des elektronischen Patientendossiers vereinfachen unser Leben zweifellos. Doch die Digitalisierung sämtlicher Lebensbereiche verdichtet auch unseren digitalen Datensatz und birgt das Potenzial, unsere Freiheit einzuschränken. Die Digitalisierungstreiber nutzen unsere digitalen Schatten für umfassendes Social Engineering. Anhand unserer Daten bestimmen sie, welche News zu uns dringen und wen wir kennenlernen, wo wir wohnen und wohin wir in die Ferien fahren. Unsere digitalen Schatten werden in Zahlen umgerechnet, die über unseren sozialen Stellenwert Auskunft geben und uns je nachdem zu Netzwerken und Konsumangeboten zulassen oder von ihnen ausschliessen.

Aus den Tentakeln der Digitalisierungstreiber kann sich nur lösen, wer für die Gefahren sensibilisiert ist und sich freikaufen kann. Der Offline-Zustand wird ähnlich wie biologische Lebensmittel zu einem Luxusprodukt, das sich nicht alle leisten können. Wenn Geld darüber entscheidet, wer sich unkonformes Verhalten erlauben kann und wer wie viel Einfluss im Design der digitalen Zukunft hat, dann verdrängt der Markt den Rechtsstaat. Nur wer über genügend Geld, Kompetenzen und Netzwerke verfügt, kann sich eine abweichende Sexualität, einen Drogenrausch, ungesunde Ernährung, freie Meinungsäusserung oder eben Privatsphäre leisten. Offensichtlich trifft die digitale Diktatur besonders jene, die wenig Bildung und Geld haben. Mittellose werden in einer hyperdigitalen Diktatur keine Wahl haben, sie werden zu den Onlinern gehören. Ihnen steht eine Klasse von Superreichen gegenüber, welche die Programmierer der Algorithmen dirigieren.

Die Zugehörigkeit zur niederen Klasse der Onliner geht einher mit der Unmöglichkeit, sich hochwertige Ernährung, ruhigen Schlaf oder natürliche Textilien zu leisten. Paradoxerweise können sich also nur die Digitalisierungstreiber die Produkte der Offliner leisten, die auf Handarbeit und natürlichen Rohstoffen beruhen. Was nicht standardisierbar ist, wird künftig verhältnismässig noch teurer. Durch den Einsatz der Maschinen und die Fusion der Konzerne wird alles, was automatisierbar ist, billiger. Menschliche Arbeitskraft aber bleibt teuer. Während die Forderungen der Offliner im Premiumsegment sehr wohl umgesetzt werden, werden die mittellosen Onliner als Gefangene der Matrix auch in Zukunft einseitige Transparenz und eine digitale Monokultur hinnehmen. Die hohen Löhne, um sich die Offliner-tauglichen Geräte zu beschaffen, haben nur die Mitarbeitenden der Digitalisierungstreiber. Nur eine gebildete, wohlhabende Minderheit wird wählen können, ob sie in der schwarzen oder weissen Matrix leben will.

Wenn eine Gesellschaft keine digitalen Ghettos produzieren oder anders ausgedrückt eine Isolation der Offliner verhindern will, brauchen alle ihre Mitglieder Zugang zur digitalen Infrastruktur. Wird die Arbeit in der fortgeschrittenen digitalen Gesellschaft knapp, braucht es eine Entkoppelung von Arbeit und Service public. Entweder wird der Zugang zur digitalen Infrastruktur gratis angeboten, oder wir zahlen als Gemeinschaft ein Grundeinkommen aus, damit sich alle den Zugang und temporär das Offline-Sein leisten können. Ein Grundeinkommen auszuzahlen, heisst indes nicht, als Gesellschaft keinen Gegenwert einzufordern. Der Bezug liesse sich mit der Übernahme sozialer Aufgaben verknüpfen. Nur wer einen gewissen Anteil seiner Zeit für die Gemeinschaft aufwendet, erhält das Recht auf ein Grundeinkommen. Die Aufgaben reichen von der Pflege älterer Menschen über die Organisation von Spielen, den Betrieb von Kinderkrippen bis zur Pflege von Wäldern und Parkanlagen. Die Finanzierung des Grundeinkommens setzt eine radikale Digitalisierung der Verwaltung, die Erhebung neuer Steuern sowie die finanzielle Verwertung von anonymisierten Daten voraus, die sich in der Hoheit des Staates befinden.

Misslingt uns als globale Gemeinschaft das Management der materiellen Knappheiten, sind Gewalt und Chaos vorprogrammiert. Je knapper die für die Digitalisierungstreiber wichtigen Ressourcen werden, desto gefährlicher ist die Lage. Es braucht zwingend neue Lösungen, um den globalen Energiebedarf zu reduzieren. Konkret geht es um die Verbesserung unserer Recyclingfähigkeiten, die Erhöhung der Energieeffienz der gesamten digitalen Umwelt sowie die Reduktion des persönlichen ökologischen Fussabdrucks. Die Förderung der Recyclingkompetenz schafft ökonomische und politische Vorteile. Ein rohstoffarmes Land wie die Schweiz kann sich diese Einsicht im Sinne künftiger geopolitischer Vorteile nicht oft genug vor Augen führen. Verfügt man über die Fähigkeit, Ressourcen wieder aufzubereiten statt wegzuwerfen und mit Gewinn zu verkaufen, gehört man zweifelsohne zu den ökonomischen und geopolitischen Gewinnerinnen der Zukunft. Der Wert steigert sich, je ausgeprägter die Knappheit sein wird. Wer Wasser, Sand, Phosphor, Energie oder die für die digitalen Geräte nötigen Rohstoffe recyclen kann, stärkt seine Stellung gegenüber den Digitalisierungstreibern und kann für dieses Know-how einen hohen Gegenwert verlangen.

Sich auf Recycling zu konzentrieren, heisst nicht, auf Technologie zu verzichten. Im Gegenteil wird durch das Internet der Dinge eine neue Stufe des Recyclings denkbar, bei dem der Verbrauch der Rohstoffe viel einfacher als bisher verfolgt werden kann. Es wird sichtbar, was wie viel Energie braucht, wo Strom vergeudet und wo welche Rohstoffe weggeworfen beziehungsweise ungenutzt im Meer schwimmen oder bald verbrannt werden. Nicht mehr gebrauchte Rohstoffe können durch Chips einfacher aufgespürt und getrennt werden. Um die Recyclingkompetenz eines Landes zu fördern, gibt es mehrere Ansätze. Grundlegend scheint die Verankerung des Recyclings in der Bildung. Dabei geht es zwar auch um Nachhaltigkeit, noch wichtiger ist aber die Fähigkeit zur Kombination. Weitere Förderansätze sind die Unterstützung der entsprechenden Forschung, die Förderung von Startups, Steuererleichterungen und andere Subventionen für recyclingkompetente Unternehmen.

Albrecht, J. Ph. (2014). Finger weg von unseren Daten. Wie wir entmündigt und ausgenommen werden. München: Knaur.

Beckert, B., und Schuhmacher, J. (2013). Szenarien für die Gigabitgesellschaft. Wie die Digitalisierung die Zukunft verändert. Stuttgart: Fraunhofer.

Bilbao, B., Dutta, S., und Lanvin, B. (2014). The Global Information Technology Report 2014. Rewards and Risks of Big Data. Genf: WEF.

Brynjolfsson, E., und McAfee, A. (2014). The Second Machine Age. Wie die nächste digitale Revolution unser aller Leben verändern wird. Kulmach: Börsenmedien.

Cachelin, J. L. (2012). Vergessen. Ein Gedankenprotokoll am Rande der Digitalität. St. Gallen: Wissensfabrik.

Cachelin, J. L. (2014). Schattenzeitalter. Wie Geheimdienste, Suchmaschinen und Datensammler an der Diktatur der Zukunft arbeiten. Bern: Stämpfli.

Corneo, G. (2014). Bessere Welt. Hat der Kapitalismus ausgedient? Berlin: Goldegg.

Eggers, D. (2014). Der Circle. Köln: Kiwi.

Helbing, D. (2014). Future ICT Blog. www.futurict.blogspot.ch

Frick, K., und Höchli, B. (2014). Die Zukunft der vernetzten Gesellschaft. Rüschlikon: GDI.

Grassegger, H. (2014). Das Kapital bin ich. Schluss mit der Digitalen Leibeigenschaft! Zürich: Kein & Aber.

Gross, P. (1994). Multioptionsgesellschaft. Frankfurt am Main: Suhrkamp.

Grüter, Th. (2013). Offline! Das unvermeidliche Ende des Internets und der Untergang der Informationsgesellschaft. Berlin: Springer.

Hillenbrand, T. (2014). Drohnenland. Köln: Kiwi.

Houellebecq, M. (2015). Unterwerfung. Köln: Dumont.

Hillenkamp, S. (2012). Das Ende der Liebe. München: dtv.

Keese, Ch. (2014). Silicon Valley. Was aus dem mächtigsten Tal der Welt auf uns zukommt. München: Knaus.

Koller, Ch., und Seidel, M. (2014). Geld war gestern. München: fbv.

Kurz, C., und Rieger, F. (2013). Arbeitsfrei. Eine Entdeckungsreise zu den Maschinen, die uns ersetzen. München: Riemann.

Meckel, M. (2011). Next. Reinbek bei Hamburg: Rowohlt.

Peter, O. (2012). Kritiker der Digitalisierung. Frankfurt: Peter Lang.

Rifkin, J. (2014). Die Nullgrenzkosten-Gesellschaft. Frankfurt: campus.

Selke, St. (2014). Lifelogging. Wie die digitale Selbstvermessung unsere Gesellschaft verändert. Berlin: Ullstein.

Smith, C. S. (2011). Die Welt im Jahr 2050. Die Zukunft unserer Zivilisation. München: Pantheon.

Ackermann, S., Sigrist, St., Varnholt, B., und Folkers, G. (2014). Die Zukunft ist unser. Szenarien für den Alltag von übermorgen. Zürich: W.I.R.E.

Zuckermann, E. (2014). Rewire! Warum wir das Internet besser nutzen müssen. Bern: Haupt.

Bibliografische Information
der Deutschen Nationalbibliothek: www.dnb.de

© Stämpfli Verlag AG, Bern, www.staempfliverlag.com · 2015

2. Auflage · 2016

Lektorat und Korrektorat: Benita Schnidrig, Stämpfli Verlag, Bern
Gestaltung und Satz: Büro Sequenz, St. Gallen
Printed in Germany

ISBN 978-3-7272-1431-8

«Schattenzeitalter» fängt als Gesellschaftsdiagnose mit Hilfe
der Metapher des Schattens die Folgen der Digitalisierung ein.
Das Buch beschreibt nicht nur die Kräfte und Mächte, die
das Schattenzeitalter herbeiführen, sondern auch die Freiräume,
die uns für die Gestaltung der Zukunft bleiben.

ISBN 978-3-7272-1371-7